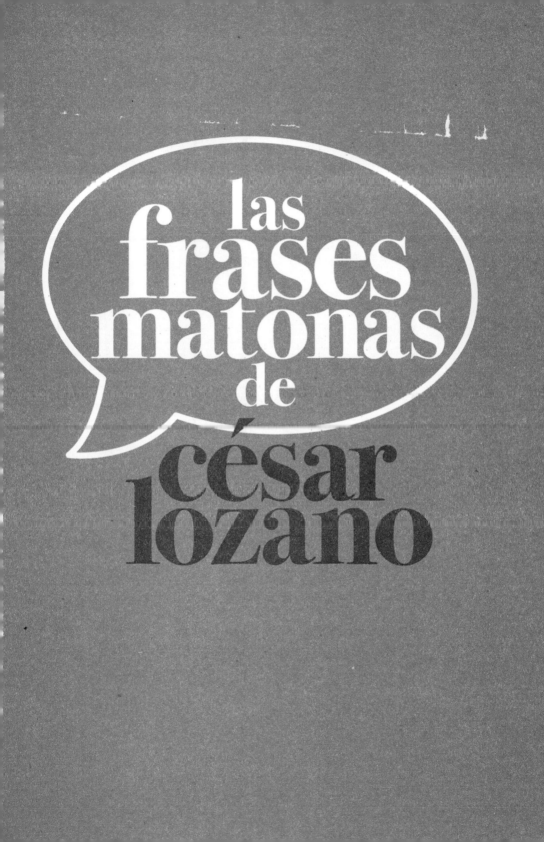

las frases matonas de césar lozano

AGUILAR

Las frases matonas de César Lozano
D.R. © César Lozano, 2013

De esta edición:
    D.R. © 2013, Santillana USA Publishing Company
    2023 N.W. 84th Ave.
    Doral, FL, 33122
    Tel: (305) 591-9522
    Fax: (305) 591-7473
    www.prisaediciones.com.

Primera edición: Junio de 2013

Diseño de cubierta y de interiores: ARTPICO, Artpico, S.A. de C.V.

ISBN: 978-0-88272-375-4

PRISA EDICIONES

A quienes buscan claridad en la complejidad de sus pensamientos.

A quienes desean expresar con pocos conceptos
palabras que reconforten el alma.

A mi esposa Alma y a mis hijos Almita y César,
por ser siempre fuente de inspiración y vida.

A Gaby, mi adorada hermana,
que ha sido mi cómplice en esta nueva aventura literaria...

Índice

Introducción 11

1 Frases matonas sobre... amor y desamor 13
   La magia del amor... y sus misterios 15
   La admiración 43
   El perdón 45
   Los celos 47
   La ruptura 49

2 Frases matonas sobre... tus relaciones con los demás 63
   La comunicación con quienes
      nos rodean 65
   Tu impacto en los demás 75
   Tus opiniones y las de los otros 83
   La familia 95

3 Frases matonas sobre... estar bien, sentirse mejor 97
   Autoestima 99
   La ley de correspondencia 105
   Bienestar personal 103

4 Frases matonas sobre... el destino 139

Nuestro presente, nuestro futuro 141

La fe y el poder de nuestra mente 147

5 Frases matonas que no son mías... pero también sacuden ... 153

Introducción
...

"...Porque una frase leída o compartida en el momento preciso, puede dar luz de esperanza y alivio en los momentos adversos."

"...Pocas palabras para los problemas complejos, que muevan la emoción y promuevan la razón."

"...Sé claro, preciso y conciso, así tu corazón expresará más de lo que imaginas."

"...Una frase matona que mueva las fibras del corazón más duro."

Nunca me imaginé escribir un quinto libro, y mucho menos relacionado con frases que pudieran causar impacto al ser publicadas inicialmente en redes sociales. He procurado utilizar el Facebook y el Twitter para compartir en pocas palabras algunos mensajes que puedan ayudarte a sobrellevar la carga que por naturaleza todos llevamos o padecemos.

Mi primera frase fue escrita hace más de 4 años y al compartirla me di cuenta una vez más del poder de las palabras cuando son claras, precisas y contundentes:

La gente admira más a aquél que no fue tan bueno y un día cambió, que a aquél que siempre ha sido bueno.

La frase expresa la admiración que se puede sentir por quienes aceptan que están en el camino incorrecto y un día, por decisión, convicción o necesidad, toman la determinación de cambiar para bien. La aceptación de quienes lo rodean puede ser de tal magnitud que incluso pueden convertirse en modelos a seguir. Pero, ¿y quienes siempre han llevado una vida recta, honesta y sin dañar a nadie? No siempre reciben el mismo reconocimiento que quien vivió de manera cuestionable y luego logró una transformación impactante y positiva.

Creo y afirmo que lo claro, lo preciso y lo conciso siempre conlleva a más aprendizaje que lo extenso, complicado e impreciso. Una frase que llegue directamente al corazón, pocas palabras, pero sustanciosas, pueden marcar favorablemente la vida de los demás.

¿Por qué matona? El significado de la palabra en tiempos de violencia es sumamente fuerte. Darle ese concepto a una frase que llegue al corazón es quitarle fuerza a la connotación original y su significado relacionado con el mal. Por eso estas frases matonas buscan compartir contigo momentos difíciles y alegres, esperanzadores y llenos de optimismo. De corazón ofrezco en ellas vivencias y reflexiones, son matonas porque deseo transmitir de manera contundente cómo acabar con desilusiones, amarguras, pesares, incluso malos recuerdos que alguien sembró en tu alma.

Espero que disfrutes este nuevo libro que hoy tienes en tus manos y deje en ti algún aprendizaje para aplicarlo en tu vida. Cada frase ha sido diseñada para diferentes momentos, tanto en la adversidad como en la prosperidad, para el amor, la convivencia, la autoestima, la vida en pareja, la familia, como agradecimiento por lo que tienes y también para alentar la fortaleza en el dolor.

Deseo que las compartas con quienes más lo necesiten y se conviertan para ti en una fuente de inspiración para tomar decisiones certeras que te beneficien a ti y quienes amas.

César Lozano

LOVE

1
...

Frases matonas sobre...
amor y desamor

La magia del amor...
y sus misterios

"Ensalzar acciones e ignorar omisiones es el primer signo para idealizar a una persona." ¡Dosis de *ubicatex*!

Ubicatex es un medicamento imaginario que te ayuda a poner los pies en la tierra, y a recordar que todos tenemos cualidades y virtudes, defectos y errores. Y que creer que encontramos a la persona **perfecta** es una trampa de la mente. Reconocer sus acciones es saludable e incrementa el amor. Conocer sus defectos y omisiones te ubica para conocer con quién estás realmente. Es irónico, pero cuando una relación termina, empezamos a extrañar ensalzando sus acciones y olvidando sus omisiones.

"Iniciar una relación con diferentes carencias afectivas es una decisión de alto riesgo. Corres el peligro de exigir el amor que te ha faltado."

¿Cómo desear que te quieran si no te quieres? ¿Cómo determinas tus necesidades si las desconoces? Date tiempo para sanar las heridas, curarte, aprender y superar lo necesario antes de iniciar una nueva relación. Evita tropezar con la misma piedra por no analizar en qué fallaste o qué permitiste. *Exigir que te quieran es la máxima prueba del vacío existencial.*

"Si he cambiado, no significa que ya no te quiera, sino que ¡ahora me quiero!"

¿No reacciono igual? ¿No me esfuerzo como antes? ¿Me dedico más a mí? Quizá tu mundo, tus cosas, tus pendientes y tus prioridades —en las que por cierto no figuro—, fueron las alarmas que me *despertaron del letargo y me ayudaron a ver que necesitaba quererme más.*

"Si en el amor hoy te conformas con migajas, mañana no te quejes de andar hambreado."

Nos acostumbramos a lo bueno y a lo malo. *Nos podemos habituar fácilmente a la falta de detalles y a la poca expresividad.* Si hoy te conformas con poco en el amor, no se necesita ser adivino para saber que en el futuro te espera muy poco o nada de ese sentimiento.

"Si no te quieren como mereces, ¿no será que mereces algo mejor?"

Lo mejor es quererte, valorarte y recordar que tu felicidad no puede depender de factores externos. Mientras no encuentres la paz y puedas llevarte bien contigo mismo, será imposible llevarte bien con alguien más.

¿No te aman como mereces? ¿No te valoran ni apoyan tu crecimiento personal, profesional o espiritual?, analiza *qué has hecho o dejado de hacer* para atraer a ese tipo de especímenes a tu vida. Te recuerdo que en el amor, gran parte de lo que sucede, *lo provocas o lo permites*.

"Focos rojos en una relación: pocas actividades juntos, rutina, falta de interés en la vida del otro y hacer comparaciones."

¿El amor acaba? Sí, generalmente cuando lo permites. El amor es una decisión cotidiana que conlleva una gran responsabilidad. Es natural que haya momentos de aburrimiento; no todo es emoción y novedad. Lo que no es natural es dejar que esos momentos predominen en la relación, y que por la razón que sea, deje de preocuparme por el bienestar de quien digo amar.

Las comparaciones son odiosas y más cuando se trata de personas con diferentes talentos y habilidades. Comparar la belleza, las cualidades, las aptitudes y actitudes de tu pareja con las de otra persona, es desmoralizante y aniquila el amor que queda.

"Sufrimos con el afán de cambiar a alguien, sin saber que la clave es: aceptar la realidad, adaptarse en lo posible y modificar lo que sí depende de ti."

···

Creer, con el paso del tiempo, que podemos o debemos cambiar a alguien, sólo provoca un desgaste tremendo. La gente cambia algunos hábitos, generalmente los que desea, mientras que otros o no quiere renunciar a ellos, o están fuertemente arraigados. Es conveniente aceptar la realidad y dejar de hacer castillos en el aire esperando que alguien sea como quieres. Identifica con qué características de la forma de ser del otro puedes y quieres vivir, y con cuáles no. Como primer paso, cambia tu estándar si es posible con el fin de que tengas mayor tolerancia; *recuerda que mucho de lo que criticamos tiene una razón que puede ser analizada y superada.*

"Sus asuntos son los únicos que importan, su tiempo es el único que vale y tú a segundo plano... 'pero en el fondo me quiere'..., 'Ajá'."

···

Cuando decimos *en el fondo me quiere*, evitamos ver una realidad que va en contra de la razón. Justificar una y otra vez actitudes *injustificables* con argumentos basados en la compasión o el miedo a la soledad es limitar el *poder de tus decisiones* para una vida mejor. Si sus asuntos, sus historias y sus acciones son las únicas que importan y tú vas a segundo plano, ¿qué haces ahí? Si te demuestra una y otra vez que no eres prioridad, ¿por qué él o ella sí es una prioridad para ti? Basta de rendir culto al sacrificio desmedido. Es tiempo de valorarte.

"La rutina destruye el amor. Cuando empiezas a ser rutinario en tus actividades diarias, empiezas a serlo en tus relaciones."

No conozco a una sola persona que sea metódica y, al mismo tiempo, feliz. Quien hace de su vida una rutina, tiende a hacer lo mismo con sus relaciones. Una cosa es ser ordenado y responsable, y otra muy diferente es ser rutinario y *cuadrado*. No dejes que la rutina arruine tus relaciones. Sé flexible y sorprende frecuentemente con palabras y hechos que le den sentido y emoción a tu vida y a la vida de quienes amas.

"Si amas verdaderamente, dale espacio a tu pareja, apoya su crecimiento, controla tu carácter y escucha más de lo que hablas."

En nombre del amor solemos cometer muchas tonterías. ¿Quién no lo ha hecho? Deseamos estar el mayor tiempo posible en contacto con el ser amado y, sin querer, sofocamos la relación. La agresividad se puede hacer presente por el exceso de confianza, *y el egoísmo* toma el escenario al hablar más de lo que escuchamos. *¡Astucia e inteligencia ante todo!*

"Con hambre, cualquier taco callejero y desabrido te sabe a gloria. Igual pasa cuando hay soledad y urgencia por ser amado."

La carencia de amor nos hace creer que los sapos o las ranas son príncipes o princesas. El hambre por ser amado nos lleva a ver lo que no es, y a creer las mentiras de la mente. *Ensalzamos mínimas cualidades y minimizamos enormes defectos.* ¡El hambre es canija! Incluyendo ésa que provoca la carencia de amor después de un gran sufrimiento y soledad. El hambre de sentirse amado puede ser la puerta de acceso a tu vida para quien no lo merece.

"Analiza las prioridades de quien dices amar. Si no estás dentro de ellas, es momento de que identifiques y consideres tus prioridades."

¡Pero por supuesto! Si no estoy entre tus prioridades, no estarás en las mías. *Me quiero y me valoro tanto* que analizo en qué lugar me tienes para colocarte en un lugar similar. Por más amor que te tenga, identifico y analizo en qué lugar me tienes para colocarte allí. No es aplicar el ojo por ojo, sino tomar una dosis de *ubicatex*.

"La soledad será tu fiel compañía si: celas sin motivo, deseas cambiar a quien dices amar y dices lo que sientes sin considerar al otro."

...

Espera la soledad que tarde o temprano te acompañará si incluyes en tu actuar estos tres ingredientes. Las tres acciones tienen que ver con la inmadurez y la ausencia de tacto; acciones maquilladas generalmente con polvos de *sinceridad.* Vale la pena el esfuerzo de controlar nuestras emociones para preservar el amor y el trabajo ya que en estas dos áreas de la vida, las palabras desempeñan un papel fundamental para *tu aceptación* o *tu rechazo.*

"En gran medida el desamor, indiferencia, agresividad o infidelidad, suceden porque lo provocas o lo permites."

...

Lo provoco cuando no me valoro, cuando no controlo mi carácter, cuando no te doy espacio, cuando te celo tanto que ciego mi entendimiento, cuando no te respeto. Lo permito cuando no me respeto y cuando por tanto dejar que seas tú, dejé de ser yo. Lo permito cuando paso por alto las faltas de respeto leves y que se han acrecentado al paso del tiempo. Lo permito cuando pisoteé mi dignidad a costa de tus gustos, tus manías y tus traumas.

Hay casos extremos en los que la infidelidad se provoca o se permite, me recuerda la frase que dice: *La primera vez que me engañaste la culpa fue tuya. La segunda vez, la culpa fue mía.* Permitir malos tratos, indiferencia y agresividad, provoca que sigan las ofensas y atraigas el desamor en tu vida.

"El poder afectivo en una relación lo tiene quien cree o siente que necesita menos del otro." ¡Zas!

¡Duro y a la cabeza! Pero es la verdad. El poder afectivo es la capacidad que tienes de poner tus tiempos y límites en una relación. Generalmente lo tiene quien menos necesita del otro, por el tipo de personalidad, la seguridad que manifiesta o simplemente porque así es su forma de amar. Tiene su vida tan resuelta o su autoestima tan desarrollada que siente que todo el amor que recibe es añadidura. *¿Es bueno o malo? Depende de cómo te haga sentir.*

"¡Evita la rutina! En el amor no es bueno ni saludable ser tan predecible. Sorprende positivamente y avivarás la flama."

Desde niños nos gustan las sorpresas porque generan emoción de recibir lo inesperado. Rompen la monotonía por la llegada de algo no programado. Del mismo modo, sorprender en el amor espanta la rutina y el aburrimiento. *¿Cuándo fue la última vez que sorprendiste favorablemente a quien tanto dices amar?*

"¿Intentar aceptarte como eres? ¡Claro! Siempre que no destruyas mi alegría, dignidad y respeto en el intento."

Por supuesto que tenemos derecho a la autenticidad y a ser aceptados como somos. Pero exigir eso cuando no hay reciprocidad es rendirle culto al sacrificio por amor. Imposible aceptarte si destruyes mi alegría y me faltas al respeto una y otra vez. *Acepto tus debilidades y fallas naturales, mas no las que van en contra de mi dignidad*.

Los griegos utilizaban dos palabras para referirse a la intensidad del amor: *eros y ágape*. Eros se refiere al amor apasionado y ágape a la relación estable y comprometida, libre de pasión, que existe entre dos individuos que se quieren profundamente. ¿Te acepto como eres? Sí, pero después de haber identificado qué tipo de amor predomina entre nosotros.

"Tu indiferencia apaga mi amor, tus celos confunden mi amor y tu agresividad desmerece mi amor."

Tu actitud, basada en el miedo y el egoísmo, apaga, confunde y desmerece el amor que te tengo. Imposible conservar un amor a base de celos, indiferencia y agresividad. *Basta de promover el culto al amor sumiso, agresivo y conflictivo*. Esos "amores" siempre terminan mal, y mucho antes de lo que imaginas.

"Hoy me regalo no preguntar lo que no quiero escuchar.
El que busca, encuentra."

Claro que la curiosidad mató al gato y mata muchas ilusiones. Qué afán de preguntar lo que no quieres saber. La mentira dura hasta que la verdad aparece. Vive tu vida con intensidad y deja de husmear donde no te conviene, mucho menos en el pasado de la gente que ha decidido enmendar su camino. Me encanta el dicho: *Lo que no fue en tu año, no fue en tu daño*.

Si confías en el amor de tu vida, ¡hazlo! Si desconfías, identifica las razones hablando claramente y poniendo tus límites.

"Evita las dosis diarias de veneno que aniquilan irremediablemente al amor: el mal carácter y la indiferencia."

Terrible combinación que daña irremediablemente al amor. El mal carácter pone a prueba el aprecio del más santo. ¿Por qué *soportar eternamente a quien no sabe controlar sus emociones?* Todos tenemos derecho a expresar lo que sentimos pero no tenemos derecho a destruir la autoestima y el amor de quien nos quiere. La indiferencia hace de una relación un suplicio.

Si deseas apagar el amor, agrega dosis diarias de agresividad, aderezadas con drama por cualquier motivo, abstente del diálogo y sé abundante con la rutina.

"El verdadero amor es mucho más que *sentir*. Es una decisión diaria que hay que tomar."

Si sólo se tratara de *sentir*, el índice de divorcios estaría aún más alto de lo que ya está. Se siente intensamente en los primeros meses o años y, posteriormente, el amor se transforma y madura. Si el amor no fuera más que *sentir*, las relaciones serían aún más desechables de lo que ya son, los afectos no perdurarían. *Amar es una decisión que hay que tomar, renovar y sostener cada día.*

"No es que no nos quieran. Lo que más nos hace sufrir, son las altas expectativas que tenemos."

No es que carezca de detalles conmigo; no es que no me diga lo que me gusta o haga lo que quiero y tampoco es el dolor que representa el poco tiempo que me destina, sino que *me he formado unas expectativas muy elevadas* en alguien que no está dispuesto a cumplirlas. Mis expectativas me hacen buscar en donde no hay; creer en quien no debo y sufrir por quien no lo merece.

"Es bueno recordar que el físico atrae, pero la personalidad enamora."

...

¿Verbo mata carita? ¡Claro! Pero *personalidad mata carita y verbo*.

Tu porte, tu actitud y tu presencia pueden impactar favorablemente a quienes te rodean. La personalidad se trabaja con tus actitudes, gestos y palabras. Qué gran verdad contiene la frase: *La persona que te hace fuerte, es también tu mayor debilidad.*

"En el enamoramiento buscas cualidades que no tiene y que tú necesitas. Pídele a la razón que controle a tu corazón."

...

Experimentamos maravillosas emociones y sensaciones al estar enamorados. Pero muchas de ellas surgen por la elevación de la secreción de sustancias que nos hacen *ver lo que no hay y creer lo que no existe*. Por esa capacidad desmedida para amar, vemos cualidades en donde abundan terribles e imperdonables defectos u omitimos los defectos deslumbrados por las pocas o nulas cualidades del otro. Pide a la razón que controle a tu corazón.

"Cuando alguien te pide tiempo o espacio en la relación puede significar una de dos: que lo atosigas o que su amor no es para tu espacio: ¡Sopas!"

...

Necesito tiempo... necesito espacio... necesito soledad para saber qué es lo que quiero. No te confundas, estás agobiado por mi presencia o crees que este amor no es para ti. Toma el tiempo que necesites, y cuando recapacites y tengas la certeza de que soy yo a quien amas, búscame para verificar si estoy disponible, pues seguramente también habré analizado si eres tú la persona indicada. ¡Zas!

"Si te busco por una o ninguna razón, si te platico de una o mil cosas, es por expresar que te amo de una y mil maneras."

...

Te amo tanto que no sé cómo expresarlo. Tengo fuga de ideas, platico de una cosa, te platico de otra, disfruto buscarte con cualquier pretexto y todo porque necesito hacerte sentir, una y otra vez, cuánto te amo.

"En el amor, cuando quiero que olvides algo busco distraerte y entretenerte. En política pasa igual."

El proceso de arrepentimiento puede ser muy complejo, y expresarse de forma diferente en cada quien. Cuando existe un diálogo sincero y el firme propósito de enmendarse, se supera con mayor facilidad la ofensa. Sin embargo, no siempre es así. Existen quienes "la riegan" y sin el mínimo arrepentimiento, *distraen y entretienen buscando tu olvido*. En política sucede igual: nos presentan noticias raras, extrañas y llenas de intriga cuando los gobernantes quieren ocultar lo peor de sus acciones.

"El amor no termina del todo, mientras no pase por la indiferencia o el hastío."

¿Crees que no te ama porque no te corresponde igual? ¿Piensas que no te quiere porque ya no dice lo que antes te decía? ¿Sospechas que no estás en sus prioridades? *Guarda tus dudas, expresa lo que sientes* buscando llegar a acuerdos, hazlo de forma clara y sin reclamos. Mientras la indiferencia y el hastío no se hagan presentes, siempre habrá esperanza para recuperar lo que aún no se ha perdido.

"En el amor no busques respuestas con quien disfruta sembrarte dudas. ¿Qué haces allí?"

Dentro de la gran variedad de personalidades, existen quienes *usan la duda y la intriga como estrategia en sus relaciones* y para colmo, lo consideran una cualidad que los hace únicos. Sin embargo, el costo para quienes conviven con ellos es muy alto. Este tipo de personas expresan, con actos o palabras, dudas en relación con lo que sienten, los planes en común, lo que quieren de su pareja. No hay certezas, sino dudas... dudas y más dudas.

"Hay amores muy parecidos a la comida chatarra: se antojan por su apariencia y *rico sabor*, pero son nocivos para la salud."

La comida chatarra viene condimentada, sazonada, presentada y especialmente preparada para estimular nuestros sentidos. Hay amores así: apetitosos, llamativos, ricos. *¡Pero nocivos para tu salud!*

"Por tus gustos renuncié a mi gustos. Por tus sueños dejé los míos. Por tus problemas me olvidé de mis alegrías." ¡Eso no es amor!

···

Como tampoco es amor rendirle culto al sufrimiento. No es amor renunciar a mí para pensar o considerarte sólo a ti. *Olvidarte de ti para servir o anteponer siempre a otro, no es amor*, es servilismo y daña irremediablemente tu valía. Afirma cada día: "Me quiero porque Dios mora en mí."

"Quien no sabe valorar un gran amor, no sabe qué es vivir. Y si no lo sabe, no merece compartir la vida contigo."

···

Cuando digo un gran amor no sólo me refiero al amor de pareja. Incluyo el amor que profesan los padres, los hermanos, los abuelos. Si alguien no valora el aprecio, afecto o amor que la gente que le rodea le profesa, *¿qué te hacer creer que valorará tu amor?*

"Exige pero no ofrece, promete pero no cumple, habla
pero no escucha. Realidad: soportas pero no amas."

...

Exige de más a pesar de saber que no puedes darle
aquello que pide. Promete lo que no cumplirá y, para
colmo, su ego es tan grande que sólo importa lo que
piensa, dice y hace, no se detiene a escuchar razones
que lo ayuden a entender tu punto de vista. ¿Qué haces
dándole importancia a quien no le importas?

"Si de buenas es difícil quererte... de malas ¡meeenos!"

...

Si con dificultad te aguanto en tus mejores momentos,
en tus peores eres *un suplicio*. ¡Qué cruz cargo o qué
pecado estoy pagando al aguantarte! Valora lo que tienes, el tiempo y la constancia que te dedico porque...
me vas a perder.

"Cuando alguien te ama te procura, si hay interés se nota, y si le importas lo demuestra. No hagas suposiciones."

...

Evito creer en esos espejismos generados por mi mente que me hacen creer y ver lo que no existe, lo que necesito del otro. Espejismos que me hacen suponer que una expresión de afecto es una demostración de amor o una palabra de aprecio es una muestra de interés. Sé que cuando existe verdadero amor, se nota, se demuestra y se expresa. *Evito hacer castillos en el aire y sólo veo lo que es.*

"En el amor no digas todo como lo sientes. Sinceridad no es igual a imprudencia. La amabilidad y el respeto marcan la diferencia."

...

En pro de la confianza nos creemos con derecho a decir todo lo que sentimos sin medir el efecto de nuestras palabras; sin considerar que el daño que ocasionamos a veces es irremediable. No traspases la línea del respeto por más confianza que exista, ya que *las palabras expresadas a quien te ama no se las lleva el viento,* se quedan clavadas y tatuadas en su corazón. Cuestionarte en esos momentos: "¿Cuál es la forma más amigable y amorosa en la que puedo expresar lo que siento?", siempre será una excelente estrategia.

"Cuando las parejas tienen mucho tiempo juntas, y se quedan sin nada de qué hablar, hablan mal de los amigos más cercanos." ¡Sopas!

Analízalo y verás que es cierto. La madre de todos los males es y seguirá siendo la ociosidad. Peligrosa mezcla en la relación de pareja: *rutina, aburrimiento, ociosidad y pocos planes en común*. No hay más de qué hablar y juzgamos la vida de los demás, empezando con la vida de quienes más conocemos. ¡Qué fuerte!

"Si muere el diálogo, la relación morirá con él más tarde o más temprano."

Es cierto, la falta de comunicación destruye una relación y esa carencia empieza generalmente con la *ausencia del diálogo*. La poca disposición de hablar y expresar lo que siento y sientes tiene consecuencias desastrosas. Dedicar tiempo a este ejercicio llamado diálogo y fomentarlo entre quienes me importan, es la mejor inversión a futuro. Dios no se equivocó al darnos dos orejas y una boca, para escuchar el doble de lo que hablamos.

"Cuidado con tus largos silencios, porque pueden silenciar el amor de quien hoy te ama."

...

No hay peor penitencia que tu silencio. Duele tu indiferencia y duele más por el gran amor que te tengo. Peligrosa estrategia utilizada para hacerme valorarte, por el riesgo tan grande que conlleva de imitarte. ¡Zas!

"Pide lo que quieres y di lo que sientes sin dañar. Aguantar de más en silencio genera tristeza y desesperanza."

...

No más culto al sacrificio desmedido por amor. Basta de silencio y sumisión. Tenemos derecho a expresar nuestros sentimientos y necesidades sin afán de ofender o herir. *Expresar lo que siento me libera del dolor causado por la sumisión y el miedo a perder lo poco que me das.* Porque me quiero y me valoro, exijo lo mejor.

"Evita broncas. Las reglas de juego en una relación son básicas. Di claramente qué deseas y qué se puede esperar de ti."

...

Pocas parejas ponen en claro las reglas del juego al inicio de la relación. ¿Qué puedes esperar de mí? ¿Qué me gustaría de ti? ¿Qué no soportaría en nuestra relación? Son preguntas claras, saber sus respuestas nos evitaría muchos conflictos. Generalmente damos por hecho que nuestra pareja sabe qué esperamos y qué estamos dispuestos a dar, pero no es así. Evita problemas, di claramente qué esperas y qué pueden esperar de ti. Nunca es tarde para definir las reglas de nuestra relación que, espero, sea para siempre.

"Si tu silencio hablara, escucharía lo que no quiero reconocer."

...

Cuando las palabras que expresas no hacen eco en el corazón de quien amas, el silencio siempre será una excelente estrategia para hacer reaccionar a quien erró en su forma de actuar. *Un silencio sin agresividad ni amenazas, un silencio basado en el amor*, que permita ver al otro lo que no quiere reconocer.

"Es reconfortante escuchar al final de una discusión: 'Pero te quiero'. Es muy diferente a: 'Te quiero, pero...'"

...

De por sí una discusión siempre representa un desgaste emocional, imagínate cómo y cuánto quedan grabadas en la mente las últimas palabras que se digan quienes están involucrados. Procura terminar con palabras que no maltraten más el amor propio y la dignidad de quien no logra la sintonía contigo y con tus argumentos. *Estoy consciente de todo lo que te molesta y me he equivocado. Tú también tienes errores, pero nunca olvides que te quiero.* Terminar así una discusión, invita a una reconciliación.

"¿No te buscan? Algo de distancia sin enojo e indiferencia sin agresividad, hacen reaccionar a quien verdaderamente te ama."

...

Debes saber que estar siempre disponible te hace un *producto poco valorado.* Los hombres tenemos sangre de conquistadores y la emoción que percibimos cuando algo nos costó trabajo la conservaremos por siempre. Triste pero real, *se valora más aquello que no se tiene fácilmente, o lo que se cree perdido.* Un poco de distancia y un toque de indiferencia hacen reaccionar a la persona más insensible y poco considerada.

"Haz que en tu ausencia se te extrañe. Mas no la prolongues demasiado para que no sienta que se puede estar mejor sin ti."

Benditos momentos en los que extraño a quien no está, porque *valoro más su presencia*. Pero cuidado con prolongar la ausencia de tal forma, sin comunicación ni detalles, que el otro pueda pensar que está mejor sin ti. *Ausencia más indiferencia es igual a desamor.*

"Tres señales de una relación terminal: insultos frecuentes, recriminaciones constantes y ambos niegan su responsabilidad."

Por supuesto que hay más, pero estos son tres signos característicos de una relación en agonía. *Identifícalos a tiempo,* dialoga, llega a acuerdos y procura controlar tus emociones. Evita que lo que un día los unió, se olvide por los reproches y la falta de responsabilidad para mantener viva la relación.

"No preguntes frecuentemente: '¿Me quieres?', ya que demuestras inseguridad o que te sientes poco para ese amor."

Preguntarlo una vez es natural y embriaga de amor. Preguntarlo dos veces es reconfortante para ambos; preguntarlo constantemente es dudar de tu valía y capacidad de ser amado. *No menosprecies tu capacidad de recibir amor a raudales.* Lo mereces, ¿no?

"Una relación en peligro de extinción: tu dolor no me duele y tu alegría no me alegra."

En otras palabras: no me importa qué te pasa, no me impacta lo que te duele, ni mucho menos me congratulo con lo que te alegra. Nuestra relación está agonizando y requiere con urgencia resucitación cardio-emocional. *Depende de los dos.*

"No hay peor augurio que estar con quien no sabe lo que quiere. ¿Ni contigo ni sin ti? ¡Por dignidad decide que sin ti!"

El escritor Walter Riso, en uno de sus libros habla del peligro que representa tener una relación con quien no desea perderte, pero que tampoco desea comprometerse. Sobre los años de conservar la esperanza en quien no da color ni señales. Analiza la situación con detenimiento, *identifica sus prioridades, verifica sus verdaderos sentimientos y, por dignidad, toma la decisión que te dicte la razón.*

"Te vi y me cautivaste, te traté y me deslumbraste, vi lo mal que tratas a los demás y me ubicaste."

La primera impresión de ti jamás la olvidaré. Tu forma de tratarme, tu inigualable sonrisa, tu mirada, tu plática amena e interesante, tu gran carisma y amor a lo que haces verdaderamente me cautivaron. Pero mi desencanto y tristeza apareció cuando detecté *lo mal que tratas a los demás,* ya que así serás con quienes en el futuro te demuestren amor.

"Estar siempre disponible, llamar a cada momento y no dar espacio, espanta al amor. Un toque de indiferencia amorosa, ¡lo reactiva!"

Reitero, soy enemigo de la indiferencia por el daño que conlleva. Pero en ocasiones una pequeña dosis hace reaccionar al más parco. Un toque de indiferencia hace valorar el tiempo compartido. Da espacio, date a desear porque la disponibilidad eterna promueve el desinterés. Bien lo afirma un dicho popular: *Santo que es muy visto no es adorado*, y el tiempo sin verte me hace valorar el tiempo contigo.

"La mujer más astuta e inteligente es la que hace creer al hombre que él lleva el control de la relación." ¡Astutas como serpientes!

Por supuesto que la mujer inteligente hace creer al hombre que él lleva el control de la relación, aunque muchos hombres sabemos que no es así. Los genes que aún conservamos de la Edad de Piedra, de proveedores, cazadores y protectores, nos impulsan a hacer lo necesario para tener el control. Las mujeres, en cambio, conservan los genes de recolectoras y cuidadoras del hogar.

No justifico la intención o el deseo de *mangonear* o dirigir un hogar en el mundo de hoy, donde el rol de la mujer es sumamente diferente al que tenía hace siglos. Ahora la mujer no sólo es el núcleo de una familia, sino también el sostén en muchos hogares.

Hacer creer a un hombre que él lleva el control es fomentar el espíritu cazador que mora en cada uno de nosotros y obtener de esta forma la aceptación y armonía en una relación. Niñas… ¡astutas!

"Estrategia infalible para el amor: hazle creer que él lleva el control, sin sumisión, y reconoce sus logros, sin adulación."

Ya les dije, niñas: ¡Astutas como serpientes! Háganle creer que él controla, *pero no caigan en el juego de la sumisión.* Por supuesto que a todos los hombres nos encanta saber que podemos ser guías y protectores (bueno no a todos... ¡pero a la mayoría sí!) Deseamos que te sientas protegida y guiada por nuestras decisiones sin caer en el terrible machismo que tanto daño hace. Muchos hombres admiramos y celebramos el éxito de las mujeres, otros no tienen ese avance. Hazle creer que él lleva el control sin sumisión y lo tendrás siempre a tu lado. A fin de cuentas, tú sabes quién es quién, ¿no?

"Tremendo reto intentar entender siempre a la mujer. Pero amarla, valorarla y respetarla siempre será un buen principio."

Mi padre me dijo el día de mi boda: *A la mujer no hay que tratar de entenderla siempre, es mejor amarla. Conforme más se sienta amada más la entenderás.* Benditas palabras que han fortalecido mi relación, por lo que te aseguro que si aplicas este principio, notarás cambios sorprendentes y benéficos en la vida de ambos.

La admiración

"El primer paso para querer a alguien es admirarle algo. Irónicamente, también es uno de los primeros para perdonarlo."

El proceso de enamoramiento generalmente conlleva cierto grado de *admiración* hacia esas características que probablemente magnificamos por la influencia de la dopamina (hormona que aumenta su secreción durante esta maravillosa etapa). La admiración y los sentimientos hacen una mágica mezcla que nos lleva a desear estar el mayor tiempo posible con la persona amada. Irónicamente las características que tanto admiro en ti son las principales causas para perdonarte y olvidar tu agravio. *¿Qué es lo que más admiran en ti? ¿Qué has dejado de hacer que provocaba admiración? ¿No es tiempo de retomarlo?* Perdonar agravios requiere una fuerte dosis de admiración que, a veces, se ha perdido.

"¿Te quiero porque te admiro?, o ¿te admiro porque te quiero? Es fácil querer cuando algo se admira en ti. Difícil querer si no te admiro nada."

¿Qué es primero el huevo o la gallina? El amor a primera vista perdura si se identifican cualidades dignas de admirarse —aunque existan defectos. Labor complicada es seguirte queriendo cuando no tengo nada que admirarte ni reconocerte. *Te quiero porque tus cualidades te hacen brillar aún más que tu físico.*

"Si es tan difícil admirarte, imagínate lo difícil que será quererte."

Todo me molesta de ti. Todo lo que admiraba en ti se ha esfumado debido a tu mal carácter. Me desagradan tu conducta y tu forma de reaccionar. El tiempo ha causado estragos en tu actitud haciendo de la indiferencia y la monotonía tu estilo de vida. Me he esforzado en entenderte y en cambiar lo que sé y creo que te molesta de mi, ¿y ni así reaccionas? *¿Qué motivos me quedan para seguirte amando o aguantando?*

"El primer paso para dejar de quererte, es dejar de admirarte. Duele pero es la verdad."

Por supuesto que duele porque si no hay admiración difícilmente hay amor. *Probablemente te aguantan, pero no te quieren.* Habrá compasión o lástima pero no amor. Fuertes palabras pero reales y por lo mismo es conveniente analizar una vez más qué es lo que más admiran en mi, para cuidarlo como un verdadero tesoro.

El perdón

"Perdonar es el acto de amor más grande. Pero ganarte el perdón, es la responsabilidad más grande."

Si después de perdonarte una vez, los agravios siguen, significa que careces de responsabilidad para valorar *un obsequio enorme*. Otorgar el perdón es la prueba de amor más grande, aunque los recuerdos de la ofensa sigan martirizando tu mente. El perdón requiere voluntad, tiempo y decisión, y no valorarlo es no valorar un gran amor.

"Se te perdona más fácilmente si tu petición contiene un profundo arrepentimiento, un firme propósito de cambiar, y la posibilidad de un mejor futuro contigo que lo vivido en el pasado."

El perdón siempre libera de ataduras que impiden la felicidad. Mejor terapia no hay como perdonarme y perdonarte. Quienes lo practican con frecuencia viajan ligeros de equipaje. Claro que hay de agravios a agravios, y perdonar no siempre significa que las cosas sigan como han sido. Por tu bien, habrá situaciones en las que perdonas de corazón pero agregando distancia saludable de por medio. Si dañaste profundamente una relación con tu ofensa, tu profundo arrepentimiento y deseo de cambiar serán determinantes para continuar, incluyendo una pregunta que se formula la víctima: *¿Me veo mejor en el mañana contigo o sin ti?*

Los celos

"Significado de celos: no celar nada, puede significar indiferencia. Celar poco, que te valoro mucho. Celar mucho, que no me valoro nada."

Por supuesto que no celar nada es sinónimo de madurez y cordura; sin embargo, puede ser interpretado erróneamente como una carencia de amor o indiferencia lacerante. El contraste es celar en demasía, y hacer de la relación un infierno donde el diablo de la celotipia les cobra una factura muy grande, a ti, al dudar de tu pareja y de tu propia valía, y al otro, al tenerlo siempre en duda. La situación es clara: *quien cela mucho, no se valora nada.*

"¿Eres celosa? ¡No! Sólo lo normal. Verifico a dónde va, con quién anda, a qué hora llega, checo su celular, su saco, su camisa y sus calzones."

Respuesta matona y original de Celia, una mujer que me transportó del aeropuerto al hotel en uno de mis viajes, acompañada de su inocente y sacrosanto marido, al cuestionarla sobre si era o no celosa. Con seguridad y aplomo contestó: "Sólo lo normal." ¿Qué será para Celia lo anormal? Es cierta la frase que dice: *El celoso no sufre tanto por lo que ve, sino por lo que se imagina.*

La ruptura

"Duele encontrar motivos para ya no amarte, pero duele más no recordar los motivos que me hicieron amarte."

Por supuesto que el amor acaba cuando no se alimenta. Duele, y mucho, no encontrar más motivos para seguir luchando por conservar el amor. Pero *duele mucho más haber olvidado todo lo que me unió a ti.* Olvidar lo que te hizo enamorarte, lo que me hizo enamorarme. Duele no recordar los motivos que nos unieron, y no luchar por conservarlos.

"Si alguien te dice: 'Mi amor, estoy confundido... no eres tú, soy yo.' En realidad quiere decir: 'No te quiero tanto como tú a mi, y no sé cómo decírtelo.'" ¡Zas!

Es momento de aceptar lo que no quieres; el amor terminó por la razón que tú sabes o las razones que no has querido reconocer. No le busques *tres pies al gato*; ya no hay amor y es momento de tomar la mucha o poca dignidad que te quede y cerrar el ciclo de la mejor manera. No juzgues más la poca capacidad de expresar su forma de decir adiós; recuerda que *las palabras no fluyen fácilmente en quien tiene miedo a dañarte.* Entiende el mensaje, agradece el amor que existió en su momento, y sigue tu camino.

"Si después de darte tanto amor, mis errores del pasado te irritan, y mi presente te agobia, significa que mi futuro será mejor sin ti." ¡Sopas!

...

Si el desencanto se hizo presente al conocerme a fondo, o si por tu incansable búsqueda de la pareja perfecta es necesario reconsiderar nuestra situación, recuerda que: *Lo que no fue en tu año, no fue en tu daño.* Es imposible borrar mis acciones del pasado que tanto te hacen sufrir, y no me ayuda que me lo recuerdes constantemente. Si mi presente te agobia o desespera, aun con el amor que te demuestro, es momento de tomar las riendas de mi vida y visualizar un mejor futuro, pero sin ti.

"Te di lo que quisiste, cambié lo que pediste y te amé como nunca imaginaste y... no valoraste. No mereces tiempo, mente, ni espacio."

...

Acepté mis debilidades y me esforcé por trabajarlas. Analicé tus peticiones y trabajé por complacerte. Te amé como nadie te ha amado jamás y, ¡no me valoraste! *Es momento de dejar de pensarte y enfocarme en mí*. Hoy decido no dedicarte ni un minuto más de mi presencia, ni software de mi mente a tus recuerdos. ¡Circúlale!

"No es que aguante menos o que ya no te quiera, es que ahora sí me quiero."

...

El respeto, la ayuda mutua y la comprensión son ingredientes fundamentales para el amor. Durante el enamoramiento podrá faltar alguno de estos ingredientes y aun así continuar pero, con el paso del tiempo la carencia duele y provoca sentimientos de frustración o enojo. *Todo tiene un límite y mi amor propio me hace reconocer lo que sí merezco*. Entre más me quiero, más merezco.

"Evita llorar a quien no te llora, extrañar a quien no te valora y dedicar tiempo a quien no te merece."

...

No le lloro a quien no me llora a menos de que haya muerto. En el amor llorar a quien no te llora es pérdida de tiempo y energía, y mucho más llorar a quien nunca te consideró parte importante de su vida o no te valoró. *Basta de derramar lágrimas benditas a quien no lo merece. ¡Valgo mucho y merezco mucho!*

"Si amaste mucho y terminó la relación, no fue una pérdida. Te dio la oportunidad de dar y alguien recibió un amor que antes no tenía."

Lo bailado... ¿quién te lo quita? Frase del dominio popular que nos recuerda que tuvimos buenos momentos a pesar de la terminación de una relación. Siempre habrá razones y motivos, pero la reacción ante lo que sucede es completamente tu decisión. *Si disfrutaste, reíste, amaste, ya es saldo a favor.* Los porqués aparecerán una y otra vez y en esos momentos es saludable recordar que esa relación dejó también grandes beneficios. Diste un amor que él o ella antes no tenía y recibiste un amor que tampoco tenías. ¡La vida sigue!

"Por más dolor que haya en tu corazón, por más indiferencia que te demuestren, siempre procura que te vean sonriente, alegre y con ganas de seguir."

Si hay necesidad de actuar ¡actúa! Pero no dejes que quienes te rodean te vean sin esperanza. No dejes que quienes te admiran crean que perdiste la fe y el rumbo. *El dolor se minimiza con la fuerte convicción de que lo bueno y lo mejor está destinado para ti.* Que la sonrisa, probablemente fingida, que pongas en tu rostro logre un maravilloso efecto en tu subconsciente y lo aceptes como real y, por tanto, la fuerza se haga presente en ti.

"Si una relación termina, no olvides dejar un último recuerdo positivo. Nunca se olvida ese momento. Imposible obligar a que te quieran."

Dos momentos se convierten en inolvidables. *Cuando llega alguien a tu vida y cuando se va.* Si se cierra el telón de una relación, que tu último recuerdo sea positivo. Difícil, mas no imposible. Deja un grato recuerdo en esos dolorosos momentos, y tu presencia perdurará por siempre.

"Nunca ruegues el amor de nadie. Ruega a Dios para hacerte valorar lo que sí tienes y acercar a quien sí merece tu amor."

Mendigar amor, la prueba más fehaciente de lo poco que te valoras. Rogar que te amen como tú amas, es pedirle peras a un olmo o manzanas a un nogal. Nunca ruegues el amor de nadie; haz los cambios que consideras convenientes en ti, modifica tu actuar y enaltece tu valía. Identifica tus debilidades y mejor *ruega a Dios* para que te dé *los dones de la sabiduría y el entendimiento* para acercar a quien sí vale la pena.

"Lo más doloroso de un adiós es no haber aprendido.
Vive tu duelo, acepta tus fallas, bendice tus aciertos, y
sigue tu camino."

Las separaciones duelen y mucho. Tanto por la muerte
como por la distancia física voluntaria y necesaria. Duele
decir adiós, pero duele mucho más cuando no se apren-
dió la lección. Es parte del duelo intentar encontrar los
porqués, *lo que nunca ayuda es no haber aprendido de
lo vivido.* Aprendí a dedicarle más tiempo a quien verdaderamente quiero; aprendí a expresar mi amor de formas diferentes evitando sofocar la relación. Me duele su
ausencia pero *aprendí.*

"Difícil aceptar que muera lentamente el amor cuando
no se está lejos, pero sí ausente. No hay dolor más grande que tenerte tan cerca y sentirte tan lejos."

Si lo has vivido, lo entiendes perfectamente, si no, deseo
que hagas hasta lo imposible por evitarlo. Tremenda soledad e incertidumbre se siembra al tener tan cerca de ti
a quien tanto amas, y no poder ni querer expresar lo que
tanto te aflige y mucho menos escuchar lo que tanto necesitas.

"No es que te extrañe. Extraño a la persona que creí que eras."

Esa costumbre de idealizar, esa manía de convencerme de que tus cualidades brillan más que tus defectos, esa necesidad de sentir que eres como quiero que seas, es la que me hace sufrir en este momento. *No te extraño a ti, extraño al personaje que mi mente construyó a partir de tu imagen*.

"Mi conciencia me invita a perdonarte y lo hago, pero mi autoestima me pide alejarme."

Perdonar no significa olvidar, ni tampoco te obliga a que las cosas sigan como antes. Por conciencia, por mi formación y por mi salud, me conviene perdonarte. Pero mi autoestima me pide alejarme. Entre más lejos más felices. *Te perdono, pero sigue tu camino*.

"Buscar brasas donde se acabó el fuego es un golpe a tu autoestima. No te llama, no te busca; obvio, no le interesas."

———————————————————————— ...

¿Cómo te explico...? ¿Cómo te abro lo ojos para que entiendas que la relación terminó? ¿Por qué buscar donde ya no hay nada? ¿Por qué auto-flagelarte una y otra vez pensando en lo que pudo haber sido y no fue? La situación es clara: *no te busca, no le interesas.* ¡Zas!

"Es más grande la tragedia al decir constantemente: 'No puedo vivir sin ti', que vivir sin ti."

———————————————————————— ...

Peor tragedia expresar una y otra vez esa frase que te hace sentir menos o nada, que vivirla. *Fuerte golpe a la autoestima es creer que sin ti no soy nada.* Como expresión de amor, una vez, se escucha muy bien, como afirmación constante se escucha suplicante... y lamentable.

"Difícil aceptar que no puedo vivir sin ti, pero más difícil es no hacer nada por remediarlo."

Frase que le da continuidad a la anterior. Por supuesto que el amor duele y tu ausencia es lacerante. Entiendo que cuando se ama tanto como yo a ti, se desea estar con quien mueve tanto en mí. Pero es terrible el error de olvidarme que mi felicidad no puede estar basada única y exclusivamente en ti.

"Lo peor de vivir un amor mal correspondido es conservar la esperanza."

Por supuesto que creo en que la esperanza es lo último que debe morir, pero tengo una gran excepción: un amor mal correspondido no merece conservar ese valor tan grande pero tampoco merece malos tratos. No permitir que mi deseo por tenerte se convierta en indiferencia o malos tratos. *No ser como tú quieres o crees que necesitas que yo sea, no me hace merecedor de tus desprecios.*

"Por mi bien, *decido hoy* que tus malos y tus pocos buenos recuerdos, pasen al archivo muerto de mi memoria."

¡Excelente decisión cuando se trata de curar heridas! Son pocos los buenos momentos, son tan pocos los recuerdos que guardo felices, *es tan poco lo rescatable de nuestra relación, que prefiero enviar todo al archivo muerto de mi memoria.*

"Si tu ex dice: '¡Nunca encontrarás a nadie como yo!', contesta: '¡Claro! ¡De eso se trata!'" Respuesta muy matona.

Te amé mucho, te di mucho, recibí mucho, aprendí mucho. No puedo regresar el tiempo y revivir lo pasado. *Si en tu pregunta expresas soberbia, en mi respuesta sobra autoestima.* ¡Zas!

"Comprendí que faltó tiempo para conocernos, cuando
sobró tiempo para despedirnos."

Triste reconocer que al final de nuestra relación no hubo reproches, sólo silencio. Mucho menos hubo recuerdos de lo que nos unió, sólo silencio. No hubo agradecimiento, sólo silencio. *Nos faltó tiempo...*

"Si mi error fue amarte, bendito error. Si tu error fue
no valorarme, terrible tu pérdida."

Frase ideal para aumentar mi autoestima. Te amé tanto y no me arrepiento, porque desde el fondo de mi corazón te expresé lo importante que fuiste para mi. ¡Bendito error cometido! Después de tanto, no me valoraste, terrible tu pérdida que estoy seguro recordarás por siempre.

"Volver con quien te maltrató o te traicionó es como usar la misma ropa interior de ayer sin lavar, no te falta, pero sientes incomodidad."

...

La decisión de regresar con quien nos ha dañado es un reto a la autoestima y a la integridad, y hacerlo con quien nos traicionó representa una prueba de tolerancia y perdón. Por supuesto que la sensación no es agradable. Al principio sentirás que está a tu lado pero con cierta incomodidad. *El tiempo y sus acciones será lo que demuestre tu buen proceder.*

"Es posible sobrellevar tus defectos naturales, pero es imposible soportar tu apatía e indiferencia." ¡Circúlale!

...

Defectos todos tenemos; pero soportar tu apatía, desgano e indiferencia se ha convertido en un verdadero suplicio. La situación es clara: *no me contaminaré con esa tibieza y seguiré disfrutando de la vida.* Contigo o sin ti.

"Tu traición duele, mi ceguera lastima, pero el aprendizaje me fortalece."

Por supuesto que tu traición duele, y duele más por ser alguien a quien aprecio y a quien le he sido cien por ciento incondicional. *Duele por mi poca capacidad de detectar quién eres realmente*, por la falta de suspicacia para entender que no eres quien pensé. Probablemente fue ceguera por decisión y convencimiento, pero lo aprendido me hace tomar nuevos bríos, irme con cautela y no por esto, dejar de creer en la gente.

"La mejor forma para sobrellevar el adiós es agradecer lo vivido, bendecir a quien ya no está, y valorar lo que sí se tiene."

Tu ausencia es lacerante. Duele no tenerte por el amor y por la costumbre. Duele no poder regresar el tiempo para enmendar fallas que pudimos detectar. Sin embargo, lo hecho, hecho está. *Te agradezco y te bendigo donde quiera que estés* y valoro con más fuerza a quien tengo y lo que no he disfrutado.

"Reconocer un día que no te aman como mereces duele.
Pero es más triste nunca haber amado."

...

No todos los amores terminan con un final feliz. Nos creímos los cuentos que terminan diciendo: "Y vivieron felices para siempre." Las relaciones de larga duración se fundamentan en el *respeto*, el *amor*, los *detalles* y la *confianza*, ingredientes que no siempre están presentes en el momento indicado. Duele cerrar un ciclo cuando amaste mucho, pero duele más nunca haber amado. ¡Ánimo! Lo bueno está por venir.

"La ausencia temporal de quien queremos hace que se le extrañe. Pero cuidado, porque las cualidades se magnifican y los defectos se minimizan."

...

¡Cuidado con las trampas de la mente! Tu ausencia puede hacer creer que tus cualidades son tantas y tus defectos son tan insignificantes que me hacen confirmar que no puedo estar sin ti. Estoy seguro de que la soledad es una excelente compañía temporal, pero puede magnificar cualidades y minimizar defectos de quien no está. Una buena dosis de *ubicatex,* conectando la mente con el corazón, es la solución.

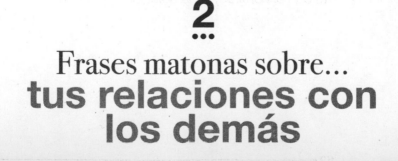

2
...

Frases matonas sobre...
tus relaciones con los demás

La comunicación con quienes nos rodean

"Si viviéramos nuestras relaciones como si existiera una fecha anual de renovación, le pondríamos más vida y entusiasmo."

...

Renovar nuestra relación, nuestra amistad, nuestro interés por el trabajo, nos haría más profesionales en todo. Imagina esa fecha de renovación como un momento donde evaluaríamos si verdaderamente *el tiempo que te dedico y me dedicas es de calidad, y si deseamos continuar o no.* Por supuesto que cuidaríamos más lo que tenemos, seríamos más conscientes al hablar o actuar.

"La gente admira más a quien no fue tan bueno y un día cambió, que a quien siempre fue bueno. ¡Qué ironía!"

...

—¡Increíble el cambio de esta persona! Andaba por el camino del mal ¡y mira! ha llenado su corazón de amor, ha pedido perdón por tanto daño causado y cambió drásticamente su forma de ser. ¡Qué ser tan admirable!

—Yo nunca he tenido esos vicios ni he hecho esos daños.

—Lo sé, pero… ¡qué admirable es!

Irónico pero cierto: la gente admira más a quien no fue tan bueno y un día cambió, que a quien siempre ha sido bueno. Hay quienes van por el mundo compartiendo su experiencia de cambio (lo cual es bueno) y reciben el reconocimiento de multitudes; y por otro lado están quienes siempre han sembrado el bien, sin dañar, humillar o menospreciar y jamás se les ha reconocido.

"Cuidado con los *vampiros emocionales*. Todo critican, de todo se quejan, y chupan tu energía contagiándote su negatividad."

Vampiros emocionales son quienes a costa de tu energía, vitalidad y alegría viven y se desarrollan. Tristemente afectan tu armonía porque todo critican y de todo se quejan. Un vampiro emocional aprovecha tu vulnerabilidad y eterna disposición de amor y servicio, para afectarte voluntaria o involuntariamente, contagiándote su pesimismo y negatividad. Es tu labor identificarlos y vacunarte contra ellos: *con la conciencia detectas quién es, y te alejas de inmediato por tu bien.*

"Duele más ignorar a alguien que despreciarlo. Cuando ignoras, siembras duda. Cuando desprecias afirmas."

Bendita ignorancia que me hace pasar por alto lo que no debe importarme y bendita capacidad de hacer creer que no me importas, cuando fue tanto el daño que me ocasionaste que prefiero otorgarte el castigo de mi indiferencia. Si lo que quieres es dañar y revindicar tu valía, di lo que sientes sin miramientos; si en cambio deseas que analice su actuar, ignorar puede ser tu mejor estrategia.

"El que es tramposo en lo pequeño e insignificante, lo será en lo grande e importante. No más mentiras pia dosas."

Frase fuerte pero cierta cuando necesitas decidir si confiar o no. Quien miente en lo pequeño, miente en lo importante. El que es deshonesto en sus acciones insignificantes lo será en las importantes. *Cuidado en quién depositas tu confianza*; analiza su forma de sortear las adversidades cotidianas e intrascendentes, identifica la forma en que se expresa de quienes son importantes en su vida, porque es una excelente pauta para conocer sus verdaderos motivos.

"Acompañar a quien queremos en sus problemas y tristezas nos une. Pero celebrar sus alegrías y reír juntos une mucho más."

He comprobado una y otra vez el poder que da la risa para unir corazones. Celebrar los logros y reír juntos *forma lazos invisibles* y difíciles de romper. Por supuesto que apoyarnos en los momentos difíciles y en el dolor nos fortalece, pero nos une más la capacidad de reír y reconocernos mutuamente.

"Dicen que *del odio al amor hay un paso*. Pues de la envidia a la admiración hay otro."

...

Lo que pasa es que no han sabido transformar el sentimiento en algo positivo. *La envidia viene del miedo, la admiración del amor* y la decisión de ir de uno a otro estado es personal. Prefiero admirarte que envidiarte, porque la admiración trae consigo respeto y fomenta las ganas de imitarte. La envidia, en cambio, genera ira y egoísmo.

"Dar tiempo a quien queremos es el regalo más preciado. Es posible dar sin amar. Pero imposible amar sin dar."

...

Dar hasta que duela fue el legado de la Madre Teresa. Es posible dar sin condiciones y, aparentemente, sin esperar nada a cambio. Es imposible amar sin dar. *Quien ama verdaderamente hace del servicio un hábito* y busca la forma de agradar ayudando y sirviendo. "Sentirme útil para ti me hace sentir más valioso, y me ayuda demostrarte cuánto te quiero."

"Nadie sabe mejor dónde aprieta el zapato que quien lo usa. Juzgar la relación de alguien es algo similar."

···

¡Qué mala costumbre la de juzgar el actuar de los demás! Disfrutamos el papel de jueces implacables que evidencian los errores de quien no actúa tal como creemos que debe hacerlo. La gente perdona, acepta o no a sus parejas con base en su historia personal. No podemos conocer a ciencia cierta qué motiva los actos de los demás, *cada quien vive su vida y conoce sus motivaciones y frustraciones.*

"Profesor que reprueba al 50 por ciento de sus alumnos, el reprobado es él. Jefe que se queja del 50 por ciento de sus empleados, también."

···

Es fácil culpar a los demás de nuestra incompetencia. Difícil aceptar nuestras fallas cuando los resultados son pobres o insuficientes. ¿A quién es al primero que corren cuando un equipo de jugadores va mal? ¡Claro! Al director técnico. Profesores y jefes incompetentes tienen resultados pobres por falta de estrategias o poca creatividad para implementar los procesos. ¿Lo mismo se aplicará con nosotros los padres de familia?

"Terrible error el de depositar nuestra felicidad en manos de los demás. Somos imperfectos por naturaleza. Agradece y sigue tu camino."

···

Mientras no seas feliz contigo mismo, te será imposible ser feliz con alguien más. Poner todas tus ilusiones, sueños y emociones en otro ser humano, es apostarle a la posibilidad de sufrir. La motivación es la combinación del *qué,* el *quién* y el *para qué.* ¿Qué me motiva?, (trabajo, estudio, cosas, dinero), ¿quién me motiva?, (qué personas son importantes en mi vida), ¿para qué lo hago?, (lo que es trascendente), ese motor que le da sentido a mi vida y que para mí es Dios.

"La mayoría de los conflictos que vivimos hoy, no tendrán importancia en cinco o diez años. No te desgastes ni afectes a quien más quieres."

···

¡Pero qué costumbre de hacer trascendente lo intrascendente! De no controlar el carácter y desquiciarnos en los momentos menos convenientes donde generalmente se pone a prueba nuestra templanza y fortaleza. La mayoría de las cosas que nos hacen enojar, no tiene importancia ni ahora ni en diez años. ¡Hay niveles!

"Exigir amor demuestra nuestras miserias. Ofrecer amor demuestra y promueve abundancia."

...

Me recuerda la cita Bíblica: "De la abundancia del corazón habla la boca." Entre más expresemos carencias, temores, miedos y rencores, más nos llenamos de ellos. No lo olvides, tus palabras tienen poder y ese poder se refleja en lo que atraes. Dar, siempre se traduce en abundancia.

"Sin duda, el reto más grande consiste en evitar que nuestra felicidad dependa de alguien."

...

Felicidad, gran tesoro que se busca generalmente en el exterior y rara vez en el interior. El tiempo, gran maestro, nos enseña que las personas importantes en nuestra vida vienen con una misión especial y trascendente, pero no podemos retenerlos eternamente ni cambiarlos a nuestro antojo. *Creer que los otros nos pueden dar la felicidad que necesitamos es una ilusión*. Mientras no la obtengas de ti, no podrás retenerla.

"La gente nunca será como quieres. No permitas que el dolor nuble tu razón."

...

¿Quién o en dónde dice que la gente debe de ser como dices? Así como en gustos se rompen géneros, en personalidades también. La gente es como es, punto. *El dolor y los pensamientos basados en el miedo nublan frecuentemente la razón.* No lo permitas. Tiempo fuera, analiza y reconsidera tu reacción.

"La muerte de alguien querido nos recuerda cuán vulnerables somos y lo importante que es vivir y trascender."

...

El impacto por la noticia de tu muerte me estremeció. Enmudecí unos minutos para honrar tu memoria, y entendí lo vulnerable y frágil que soy y *el poco tiempo que tengo para dejar huellas* imborrables en los otros que surjan de mi esencia.

"Gente necia y complicada siempre existirá. No olvides que detrás de una persona difícil hay una historia difícil."

Por sus frutos los conocerás. Por sus palabras y acciones también. Los necios son así por su historia, sus relaciones y su falta de madurez para entender que la prudencia y los buenos modos hacen milagros en las relaciones con los demás.

"Es saludable creer que existen los milagros, pero sin el afán de querer cambiar siempre a la gente."

Creo y seguiré creyendo en los milagros. Se suscitan diariamente y los observamos más quienes los esperamos. Creo firmemente que por más difícil que se presente una situación, siempre podrá mejorar si así lo creo y deseo. Pero tener en mente el deseo de cambiar a otro es un sinsentido, es desgastante, incluso, te aleja de la felicidad. Analiza tus defectos, identifica lo que más te molesta de quien deseas cambiar y, sobre todo, *qué hay en tu pasado que te hace reaccionar de determinada manera*. Necesitas aceptación para entender que hay cosas que la gente cambia y otras que permanecen. ¿Qué puedo soportar y qué me es imposible aguantar? Toma tu decisión.

Tu impacto en los demás

"Nunca se olvidan dos tipos de personas: los muy buenos y los muy malos. Se olvidan los tibios en sus afectos y los apáticos en su actuar."

...

Terrible saldo sería pasar por esta vida sin pena ni gloria. Sin trascender. Es cierto, jamás olvidamos los extremos. Lo mejor y lo peor que he vivido. Nunca olvidamos a la gente que nos hizo sentir muy bien, o a quien hizo todo lo contrario. Quien nos ayudó en la adversidad y quien obstaculizó nuestro crecimiento. *¡Líbrame Dios de la tibieza!* De ser alguien insípido en mi forma de ser y amar, porque pasaré por la vida desapercibido. *Sería como oler una flor sin aroma o comer un dulce con envoltura.*

"¿Quieres ser inolvidable? Agrega hoy tres ingredientes: adáptate a las circunstancias, haz sentir importantes a los demás, sonríe frecuentemente."

...

Puedes ser inolvidable por dos motivos: *ser muy bueno o muy malo*. Quienes eligen la primera opción, suelen hacernos sentir importantes con sus palabras, su mirada y su sonrisa, tienen la cualidad de adaptarse a las circunstancias aunque no siempre les sean favorables. Son personas que sacrifican su bienestar por el bienestar de quienes le rodean (sin caer en el sacrificio desmedido). Nos hacen sentir que nuestra presencia es un acontecimiento y lo celebran con sus palabras y sus acciones. ¿Eres inolvidable?

"Cada encuentro con alguien puede convertirse en una anécdota en el futuro. Depende de ti ser inolvidable."

...

No subestimes el impacto de tu presencia porque para alguien un encuentro contigo puede ser un evento inolvidable. Lo creo y lo he vivido. Hay quienes sienten que su vida no tiene sentido y *un encuentro contigo puede renovar la esperanza* y convertirse en una historia de vida.

"Fluir, agradecer y evitar engancharte es disfrutar la vida incluso con quienes odian su realidad. Hoy ilumina con tu presencia."

...

Imposible convivir solamente con quienes aman la vida y aceptan su realidad. Siempre habrá a nuestro alrededor gente amargada y sin ilusiones; tus decisiones son: *ser parte de su amargura o dejarlos que fluyan sin engancharte.* Yo prefiero lo segundo por mi bien y el bien de quienes amo, deseando que mi presencia ilumine un poco su realidad.

"Procura decir con más frecuencia: 'Me siento orgulloso de ti', que decir: 'Te quiero'. Díselo hoy a esa persona tan especial y verás su reacción."

...

Puedes querer a muchas personas, objetos y animales. Pero sentir *orgullo* de alguien no es tan frecuente. La motivación que se recibe al escucharlo es enorme. Quien recibe tan importante reconocimiento busca a toda costa seguir haciendo lo que tanto te enorgullece. Decir: "Te quiero" pesa, y mucho, pero decir: "Me siento orgulloso de ti" pesa, reanima y fortalece. Haz la prueba.

"Eres un ser entrañable cuando haces de algo simple, un acontecimiento. Cuando haces sentir a alguien que se percibe a sí mismo como *simple*, todo un personaje."

...

Los instantes memorables pasan inadvertidos para quienes viven en el acelere constante o insípidamente. Tú puedes hacer que un momento sea especial cuando lo detectas y lo expresas. Todos tenemos momentos en los que sentimos que nuestras vidas no aportan o valen lo suficiente. Benditas personas que te hacen sentir de tal manera que *tu presencia recupera su valía*.

"Conviértete en alguien que provoque momentos memorables, sonrisas reconfortantes y reconocimientos inolvidables."

Trascender es dejar huella en tu paso por este mundo. Qué mejor manera de hacerlo que alegrando la vida de los demás. Modificando con tu actuar su historia y la manera en la que interpreta sus adversidades. ¿Cuántas personas podrán decir eso de ti?

"Sólo por hoy buscaré lo positivo de cada cosa que me suceda, y cualidades en quien no me agrada. Sólo por hoy buscaré adaptarme y evitaré quejarme."

Un trato en el que seas tú quien más dividendos obtendrá al dejar de quejarte y cuestionarte por qué la gente es como es. Buscar cualidades entre los defectos es de sabios e inteligentes. Buscar la perfección en quienes te rodean es desgastante y delirante. Mejor analiza *cualidades dignas de admirarse* y la armonía surgirá en tus relaciones.

"La sencillez y la humildad no están reñidas con la inteligencia y el poder. Trata como te gustaría ser tratado."

Muy estudiado, con un puesto importante, sumamente capacitado y conoce perfectamente su oficio, pero no sabe tratar a la gente. No hay nada mejor que agregar la regla de oro en cualquier actividad. La vida hace que encontremos nuevamente a quienes anteriormente tratamos, pero en diferentes circunstancias, por eso es saludable recodar que *arrieros somos y en el camino andamos*.

"¿Cuáles son las tres cosas que más se recordarán de ti en tu ausencia? Ésa es tu forma de trascender."

Cuando pregunto a alguien cuál es su misión en la vida, generalmente dice una o las dos respuestas: *Ser feliz y dejar huella*. Si lo analizas, verás que en el significado y sentido de ambas palabras existe sintonía. Si eres feliz dejarás huella. *¿Qué es lo que más recordarán de ti cuando no estés?* Tu buen humor, tu capacidad de escucha, tu capacidad para trabajar incansablemente, lo excelente padre o madre que fuiste. Si se te dificulta contestar en estos momentos, es hora de empezar a analizar de qué forma te gustaría ser recordado, ésos son los aspectos que trascenderán de ti cuando no estés.

"¿Quieres que quien amas modifique su actuar? Reconócele sus cualidades. Es la llave al corazón más difícil."

La llave que abre al corazón más difícil es reconocer sus logros y cualidades sin caer en la adulación. Tremenda tentación es centrarse sólo en las fallas y omitir los logros. Identifica sus cualidades y exprésalas en el momento correcto. Hazlo y verás cambios sorprendentes en quien se te dificulta tanto querer. Expresar las cualidades de alguien difícil en el momento indicado, *hace que su duro corazón se vuelva maleable*.

"En este día, tu presencia puede iluminar u oscurecer, alegrar o entristecer, motivar o hacer desfallecer."

Subestimar el impacto de tu presencia y de tu ausencia es un lamentable error. *Para alguien un encuentro contigo puede ser lo mejor o lo peor de su día*. No olvides el poder de tus palabras, lo profundo de tu mirada y la fuerza de tu silencio.

"Que tu presencia marque hoy la diferencia. Sonríe, agradece, escucha y reconoce."

Cuatro acciones que incrementan tu carisma: sonreír, agradecer, escuchar y reconocer.

Son estas cuatro acciones las *que te hacen difícil de olvidar*. Incluirlas en el repertorio de tu *ser* es una excelente decisión. Vale la pena luchar por lo que quieres, así como luchar por agradar a quienes pueden ayudarte a lograr lo que quieres.

Tus opiniones y las de los otros

"La palabra tiene poder. Si no tienes algo bueno, positivo o productivo qué decir, es mejor no decir nada."

Bendito silencio que evita problemas, sin caer en la indiferencia. Nuestras palabras siempre impactan para bien o para mal y lo bueno, positivo o productivo siempre será bienvenido, aun si es una crítica.

Acepto el poder de mis palabras y me responsabilizo de buscar la forma de no herir con ellas. En caso contrario, incluyo el silencio prudente mientras la tempestad pasa.

"No te rebajes en discusiones con quienes buscan desestabilizarte. Recuerda, quien más discute, más carencias tiene." ¡Hay niveles!

¡Claro que hay niveles! ¡Hasta los perros tienen razas! Inclusive en el Cielo se supone que hay niveles: no es lo mismo un arcángel que un querubín. ***Discutir siempre representa un desgaste de energía*** y hacerlo con quien no vale la pena es una tontería. Claro que hay gente que goza, disfruta, le encanta discutir con y sin razón. Personas que quieren llamar la atención a través de esta técnica en la cual frecuentemente se convierten en maestros por la práctica constante. ***No permitas ser presa fácil de estos depredadores que lo único que buscan es dar a conocer tu vulnerabilidad.***

"La crítica constructiva se sostiene en el respeto e incluye sugerencias de mejora. La destructiva se sustenta
en la envidia y aplasta emocionalmente."

Criticar sin aportar o sugerir es una actitud con buenas
dosis de amargura, agresividad o envidia. Una crítica
constructiva incluye la firme convicción de ayudar a mejorar, cuida la prudencia en tus palabras reconociendo lo
bien hecho y el respeto a la dignidad de quien se equivocó. La recomendación es clara: *No aceptes críticas
de quien sólo puede ver lo negativo* y nunca lo positivo.

"Que el orgullo no se apodere de ti. Es mejor ser feliz
que querer tener siempre la razón."

En la Biblia dice: "A los pobres siempre los tendremos."
Y supongo que dentro de ellos se cuentan los pobres en
actitud y en talentos para relacionarse con la gente. Esos
seres que ponen a prueba nuestra paciencia y discuten
por el gusto de hacerlo, sin reflexionar sobre tus puntos
de vista. Muy saludable es preguntarte si deseas tener la
razón o ser feliz. *Yo prefiero ser feliz.*

"Cuanta más importancia demos a la opinión ajena, menos libertad y paz tendremos para vivir a nuestra manera."

...

Si haces mal te juzgarán, si haces el bien también te juzgarán. Si opinas que el color es verde, siempre habrá quien opine que debería de ser rojo. Si te vistes de una forma o te desvistes de otra, también. ¡Terrible desgaste querer agradar a todo el mundo! ¿Desde cuándo nos importa tanto la opinión de los demás? Estoy convencido que desde que alguien no estuvo de acuerdo con nosotros, nos marcó negativamente. Desde entonces tenemos una excesiva *necesidad de aprobación* en todo lo que hacemos o no hacemos. *Enfrentarnos con nuestro pasado, nos ayuda a entender nuestro presente*. Cuida la línea del respeto y la libertad y sé tú mismo. Imposible agradar a toda la gente.

"Tu mejor carta de presentación: hablar bien de ti mismo, sin caer en la soberbia, y hablar bien de los demás, sin caer en la adulación."

...

Hablar bien de ti, sin caer en la soberbia siempre es sinónimo de autoestima, adaptación y felicidad. Hablar mal de ti demuestra poco amor propio. Al hablar bien de los demás siempre serás aceptado y digno de confianza. *Cuidado con los comentarios imprudentes dirigidos a quien no está*, ya que siempre habrá gente comunicativa y con diferentes intenciones que agregará paja a tus palabras, dañando tu reputación.

"No creas todo lo que te dicen. Las palabras siempre encierran una intención que no siempre es positiva."

El poder de la intención es el que me hace actuar de determinada manera. *Es la verdadera razón que me mueve a ser o hacer.* Todos tenemos una intención, es ésa la que hace que alguien tergiverse un comentario a su favor o un comentario que puede ir en tu contra. No te creas todo lo que dicen por más que juren. Considera que todos tenemos diferentes intenciones que no siempre son favorables, ni surgen de la armonía.

"Evita jurar continuamente por lo que dices. Entre más jures por todo, menos credibilidad tendrás."

—¡Te lo juro...!
—Te doy mi palabra de que es verdad...

Entre más prometas, jures y busques que la gente crea en tu palabra, más dudas generas sobre tu verdad. Expresa lo que para ti es cierto y punto. Evita la tentación de buscar a toda costa la credibilidad para tus palabras. *Que tu seguridad sea tu mejor carta de presentación y credibilidad.*

"A la gente tibia, amargada e intrascendente es a quien más le molesta el brillo de los sonrientes, trabajadores y felices."

Qué afán de tomarle importancia a la opinión de quien no vale la pena. Antes de entristecerte o enojarte por una crítica destructiva, *identifica quién la hace y qué razones puede tener*. Verás que muchas de esas palabras lacerantes vienen de seres amargados y tibios que gustan de hacerte sentir menos para ubicarte en su mismo nivel. Si estás consciente de tu esfuerzo y del bien que haces, basta de escuchar lo que no debes de quien no debes. Sigue tu camino.

"Nada reconforta más en una crisis, que escuchar a alguien que vivió lo mismo y lo superó. ¡Que tus palabras den fuerza!"

Cuando no encuentres qué decirle a quien te comparte sus penas y dolor en busca de respuesta, *incluye en tus palabras de esperanza historias de ti o de alguien que haya vencido adversidades similares*. Eso fortalece y da la sensación de no ser el único que lo está padeciendo. Que tus palabras sean un remanso de esperanza y fe.

"La forma más indirecta para decir te quiero, es decir te extraño. ¿Eres extrañable?" Pregunta matona.

···

Se extraña a quien sabe escuchar, compartir, amar y reír. *Es extrañable quien hace de su vida y de tu vida un acontecimiento digno de disfrutarse.* No todos tienen la facilidad de decir te quiero, pero su lenguaje se puede valer de frases que, de algún modo, enuncien ese maravilloso sentimiento. "Te extraño", es una de esas frases.

"Una buena forma de expresar que te quiero es escuchar sin juzgarte, y dialogar sin recriminarte."

···

¡Difícil, mas no imposible! *Escuchar sanamente es evitar hacer juicios anticipados.* Dialogar, buscando entender tus argumentos antes de juzgarlos, es un ejercicio que requiere tiempo y práctica, pero sus beneficios se comprueban a corto plazo por el amor y la paciencia que demuestras.

"Aleja de tu vida a quienes son tan *sinceros* que te hieren continuamente, y tan *sensibles* que te culpan eternamente."

Navegan con la bandera de la sinceridad para ocultar su poca prudencia. Hieren de una y mil formas a la gente que les rodea ensalzando su sinceridad y defendiendo su verdad. Culpan a quienes les rodean constantemente por todas sus desventuras. Son seres con quienes es mejor estar a la distancia por la mala vibra que emanan y la negatividad que contagian.

"Terrible costumbre la de criticar sin conocer ni aportar. Envidiar victorias sin conocer historias."

Juzgar sin conocer es fácil. Criticar sin aportar, es una tarea simple e intrascendente que cualquiera puede realizar. *Es una injusticia envidiar el éxito sin conocer los obstáculos, sinsabores, crisis y sacrificios* de quien ha logrado triunfar. Es fácil desprestigiar con suposiciones a quien ha luchado por obtener lo que tiene. Calladitos nos vemos mejor.

"Respuesta matona ante la crítica inmerecida después de un gran esfuerzo: 'Disculpa, no vivo sólo para agradarte.'" ¡Sopas!

···

Respuesta muy original que escuché una ocasión y que me encantó. ¿Cómo te explico que no eres la única persona en el mundo a quien deseo agradar? ¿Qué te hace creer que todo lo que hago o digo es para agradarte? *Ubícate. Mi vida es mucho más valiosa que tu opinión.*

"Qué bendición contar con quién compartir nuestras crisis y alegrías. Te dedico mi día en señal de agradecimiento."

···

El día que quieras reconocer a alguien y sorprenderlo con palabras que quedarán grabadas en lo más profundo de su corazón dile esta frase. *Dedicar el día siempre nos hará poner nuestro mejor esfuerzo,* tener paciencia y recordar que el día ya tiene sentido. Ofrécelo a quien lo merece y a quien lo necesita.

"Cuando alguien te critique inmerecidamente o te agre-
da verbalmente piensa: '¡Pobre! ¿Qué cargará para tener
tanta amargura?'"

No lo digo para justificar al otro, sino para que entiendas y recuerdes que la carga emocional hace que la gente actúe de formas impredecibles, y fuera de sí. Nuestros actos son reflejo de nuestro interior y quien agrede inmerecidamente a otra persona demuestra su *falta de madurez y sus miserias* que generalmente le acompañan por mucho tiempo, fruto del dolor acumulado. Evita engancharte con quien demuestra su amargura y dolor a través de la agresión verbal.

"No aceptes críticas de quien sólo sabe ver lo malo en
los demás. Es tanta su carga negativa y su dolor, que necesita compartirlo."

Por supuesto que no tiene derecho a criticar quien siempre ve lo malo y nunca lo bueno. *¿Mereces a alguien así como consejero de vida?* Yo no. No acepto críticas de quien carga amargura y sólo eso sabe expresar. ¡Que circule! Que deje su obsequio cargado de dolor para que lo tome quien lo merezca. Yo no.

"Cuando de consolar se trata, a veces vale más un abrazo y un silencio prudente que mil palabras."

No siempre son necesarias las palabras cuando se trata de consolar a quien queremos. Te pido que recuerdes que tu presencia es lo que más agradece la gente cuando sufre una pena. Un silencio que expresa más que las palabras: *estoy contigo y comparto tu dolor.*

"Tus argumentos importan para convencer, pero nunca olvides que el corazón mueve a la razón."

Te presenté los hechos, asumí las responsabilidades, recordé los avances, entendí mis debilidades. *Pero cuando hablé con el corazón moví tu razón* y llegamos a un entendimiento.

"Decir algo positivo cuando corriges a alguien te hace prudente. Aceptar tus errores con humildad te hace inteligente."

¿Qué nos cuesta decir algo positivo durante una corrección? ¿Qué afán por aplastar y destrozar los argumentos de quien no piensa como tú? *Decir algo positivo entre lo negativo, fortalece y dignifica.* No olvides que todos nos equivocamos y corregir con respeto siempre será una opción que te hace grande e inteligente.

"No permitas que quienes te rodean, trunquen tus sueños con sus críticas destructivas y rediseñen la imagen positiva que tienes de ti. Oídos sordos a personas necias."

Sólo por hoy no dejaré que trunquen mi sueños, ni me hagan dudar de mis capacidades. Pondré todo mi esfuerzo y pasión en lo que haga y *no permitiré que críticas o comentarios infundados modifiquen mi camino.*

La familia

"Evitemos la tentación de juzgar a nuestros padres. Enfócate, agradece e imita lo bueno. Decide no repetir las cosas malas que pasaste o te hicieron."

...

La vida y las personas son como un bufete donde puedes tomar de ellos lo que mejor te convenga. La perfección sólo la tiene Dios. Nuestros padres nos educaron de la forma en la que *creyeron* correcta, generalmente fruto de la forma en la que se les formó a ellos.

Millones de personas en el mundo hubieran deseado una infancia diferente, con más amor o comprensión, pero no fue así y la decisión de ser víctima eterna de las circunstancias es tuya. Puedes tomar dos caminos: *seguir el mismo patrón de conducta que aprendiste,* o *aceptar que no fue lo mejor y rediseñar la herencia recibida.* Haz las paces con tu pasado en pro de un mejor presente y futuro.

"La mayoría de nuestras heridas proviene de las personas más próximas; irónicamente son ellas quienes más influyen en su curación."

...

Nos duelen más las expresiones malsanas de quienes nos son cercanos por el apego emocional. Duelen más sus agravios y sus maltratos por la cotidianidad y por la confianza construida. Gran verdad encierra la frase: "La persona que te hace fuerte, es también tu mayor debilidad." Gente igualmente cercana sabe cómo sanar tus heridas más fácilmente, por ese mismo conocimiento que tiene de tu persona.

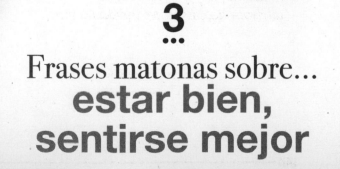

3
...
Frases matonas sobre...
estar bien, sentirse mejor

Autoestima

"Empecemos este día con saldo a favor. Hagamos un recuento de habilidades, fortalezas, bendiciones y afectos."

El saldo emocional es lo que determina en gran medida nuestra autoestima. Benditos *depósitos emocionales* que tanto me ayudan a sobrellevar las cargas del día a día. Esos mismos depósitos, dichos en el momento indicado, incrementan la autoestima de quien tanto amamos. Decir: "Te quiero" "¡Pero qué bien te ves!" "Lo que hiciste me alegró mucho", y frases similares, siempre serán consideradas excelentes depósitos a la emoción. Es saludable y conveniente hacer un recuento diario de lo que sí tenemos, en lugar de recordar una y otra vez lo que carecemos. Le da sentido a tu vida y aumenta tu voluntad.

"La mejor forma de desmentir un rumor, será la poca importancia que le des. Que tu seguridad y confianza se encarguen de desmentirlo."

A la gente le encanta hablar o, mejor dicho, a todos *nos encanta opinar, juzgar o criticar la vida de los demás*, actitud que puede considerarse rasgo de inmadurez o cuestión de ociosidad; es decir, a quien lo hace le sobra tiempo para analizar e inventar hechos de la vida de los demás.

Es imposible evitar la crítica y que surjan rumores que dañan nuestra imagen. Es parte de la vida, nos guste o no. Aclarar constantemente la verdad desgasta. Si hay necesidad de actuar con seguridad, ¡hazlo! y te aseguro que el rumor se desmentirá. "¿Qué dijeron de mi? No sé, ni me importa", *aunque sí te importe*, continúa tu camino.

"Imposible evitar chismes y rumores sobre ti. Tu actitud, seguridad y confianza desmienten más rápido que tus palabras."

...

Es más fácil evitar que aparezca el sol un día, que evitar que la gente hable de ti para bien o para mal. Imposible evitar los chismes y rumores; las personas hablarán sobre ti lo quieras o no. *Que tu mejor estrategia sea tu seguridad, tu aplomo y tu confianza.* Sólo di: "No es verdad." ¡Punto! Entre más explicaciones des, más inseguridad demuestras.

"Si alguien te admira mucho, desea ser como tú o tener lo que tienes, te lo puede manifestar con agresión. Se le llama: Envidia."

...

La envidia, un sentimiento que pocas veces siento enmascarado con la frase "Envidia de la buena". Sinceramente me regocijo con el éxito de la gente que quiero, pero tengo que reconocer que he percibido ese sentimiento hacia mi persona de gente que desconoce todo el sacrificio o esfuerzo que hay detrás de algún éxito. Hay quienes en sus limitaciones, por decisión o por circunstancias adversas, desearían ser como tú, tener lo que tienes, ser amado como lo eres o lograr lo que tanto te ha costado. *Habrá quienes admirarán y reconocerán tu esfuerzo y quienes lo criticarán duramente* buscando un sinfín de razones del porqué has podido y él o ella no.

Su expresión puede ser a través de comentarios o insinuaciones llenas de envidia. *Deja que circulen y no dediques tiempo a quienes no lo merecen.*

"No subas al tren de tu vida a tres tipos de personas: a quien no te valora, a quien te miente y a quien trata mal a la persona que le dio la vida."

...

Una de las decisiones más importantes de tu vida es con quién la compartirás. Si desde el noviazgo no te valora, ¿qué te hace creer que lo hará en el matrimonio? Si la mentira es su estilo de vida, ¿qué te lleva a pensar que contigo será honesto? *Analiza cómo trata y se expresa de su familia y de quienes hacen algo por él o ella.* Existen grandes posibilidades de que seas tratado igual. ¡Muy crudo pero muy real!

"No hay mejor ejercicio para aumentar tu autoestima que saberte creado y amado por Dios, con una misión única e irrepetible."

...

Por supuesto que no hay nadie en el mundo idéntico a ti, con los mismos sentimientos, fortalezas o debilidades. Todos somos diferentes y sabernos así nos ayuda aumentar nuestra *autoestima.* Las comparaciones son odiosas y más cuando dedicamos tiempo a preguntarnos e intentar responder cosas como "¿Por qué yo?" "¿Por qué me suceden estas cosas?" *Dios te ama como eres y depende de ti descubrir tu misión,* aquello que traza la meta en tu camino y que te hace único e irrepetible.

"Cuando hablamos mal de alguien, siempre proyectamos algo de nosotros: lo que más carecemos o lo que más necesitamos."

...

Es muy desagradable aceptarlo pero es la verdad. Lo que más carecemos es lo que más proyectamos; lo que más criticamos es lo que más carecemos. Cuidado con lo que más criticas porque es precisamente algo que necesitas o que no has superado. Por lo anterior, me comprometo a *cuidar mis palabras y mis juicios*, para evitar proyectar mis carencias y miserias. ¡Sopas!

"Cuando te halaguen di: 'Gracias', con gusto. No expliques ni te justifiques. Es el primer paso para elevar tu autoestima."

...

¡Que afán de explicar cada halago que te hagan! No justifiques tu buena apariencia por un buen corte de cabello o porque ahora sí dormiste bien. Sólo di: "Gracias." No justifiques lo delicioso que te quedó el platillo diciendo que ¡sólo lo metiste al microondas y ya, y que la receta es facilísima! Y mucho menos expliques que los zapatos que tanto impacto causaron te costaron baratísimos. Di: "Gracias." *Eleva tu valía aceptando con gusto los halagos* que te hacen sin dar más explicaciones de las solicitadas.

"Nuestros defectos, cuando son bien manejados, se pueden convertir en cualidades o virtudes." ¡Sé un uno por ciento mejor cada día!

Frase inspirada por mi maestra de cuarto grado, cuando al terminar mi intervención en el concurso de oratoria, en el que por supuesto me fue fatal, me dijo: "Cesarito, cuando crezcas, dedícate a lo que sea, menos a hablar en público." ¡Bendita debilidad que trabajé hasta el cansancio y me da mi sustento! *Un defecto bien manejado hoy, puede ser tu mayor fortaleza mañana.*

"¿Sabías que ochenta por ciento del diálogo interior es negativo? Cambiemos esto empezando por hablar bien de ti y de los demás."

¡Comprobado! En nuestros momentos de silencio pensamos y dialogamos con nosotros mismos y la mayoría de ese diálogo es en negativo. Sólo quien hace consciente este pésimo hábito logra modificarlo. *Un buen inicio es pensar y hablar bien de ti y de los demás.* Conforme pase el tiempo verás que tus pensamientos se modifican a tu favor.

"Nada ni nadie debe obstaculizar tu verdadero talento. Que la adversidad no te haga dudar de lo que vales y realmente eres."

...

No dejes que la crítica malsana trunque tus sueños e ilusiones. Los obstáculos aparecen para fortalecer la voluntad, y para ayudarnos a valorar el éxito. Quienes han probado las mieles de haber logrado lo que han deseado, saben que el camino no fue fácil, ni inútil ninguna parte del trayecto. Han aprendido que el encuentro con personas que no soportan su éxito, lo expresan con agresividad o envidia, es parte del desarrollo y crecimiento personal ¡Lo bueno cuesta, y mucho!

"¡Claro que verbo mata carita! Pero autoestima alta mata verbo, ¡y carita!"

...

Si te crees sabroso(a), lo estás. Te sientes merecedor, se te nota; sabes que tu presencia cautiva, lo hace. *Una autoestima alta te hace sentir que lo bueno está destinado siempre para ti.* A veces tarda pero siempre llega.

La ley de correspondencia

"Es increíble cómo atraes a tu vida a gente similar a como te sientes."

···

Es consecuencia de ese poder de atracción que todos poseemos pero que no todos manejamos a nuestro favor. *Tú y yo tenemos la capacidad de atraer a nuestras vidas a personas que están en la misma frecuencia vibratoria.* Si tus emociones están basadas en el amor, la paz y la alegría, la vida acercará personas similares. Si por el contrario, tus actos, palabras y emociones se sustentan en el miedo, la violencia, el rencor o el resentimiento, la vida te presentará personas similares. ¡Es tu elección!

"Si haces lo que te piden, recibirás lo que mereces, pero cuando haces más de lo que te piden, la vida te dará más de lo que mereces."

···

Siento gran admiración por quienes dan sin esperar nada a cambio, lo que no es común. En el fondo de nuestro corazón deseamos que nuestras buenas acciones sean bien *recompensadas* con agradecimiento o, mejor aún, sean bien vistas a los ojos de Dios. *Nunca conoceremos a ciencia cierta cuántas bendiciones nos habrán llegado fruto de los actos que realizamos,* de un trabajo bien hecho, de un buen servicio o por haber reconfortado al que sufre o enseñado a quien lo necesita y todo con una dosis de amor. Te aseguro que la vida te lo regresará de una o mil formas. ¡No lo dudes!

"Cuando estés triste, el mejor remedio es DAR: un halago, una sonrisa, un momento o una oración por alguien." ¡Funciona!

¡Claro que funciona! Cuando decidimos dar, rompemos el círculo de la tristeza. Nadie es tan pobre que no tenga algo que dar en momentos de crisis. *El dolor compartido siempre es menor. Quien sufre busca la soledad, pero prolongarla aumenta su pena.* Nada ayuda más a quienes creen que lo han perdido todo como lo es el *recuento de lo que sí les queda y hacer algo por los demás.* El aprendizaje que es fruto del dolor y la compasión hacia quienes están en condiciones más adversas, ayuda a sanar el corazón. El mejor remedio contra la tristeza es *dar.*

"Evita los tres 'pecados de omisión': irte a dormir sin haberle reconocido algo a alguien, sin haber leído algo o sin haberle facilitado la vida a otra persona."

Servir siempre le dará sentido a la vida. La palabra *pecado* significa todo aquello que hacemos en contra de nosotros mismos o de alguien más. Tremendo pecado de omisión es ir a dormir sin haber reconocido el esfuerzo o el talento de alguien; sin dar un tributo a la excelencia que todos buscamos y al ser reconocidos deseamos seguir haciéndolo. Leer nos abre nuevos caminos y posibilidades y colabora con nuestro crecimiento personal. *Después de leer e interpretar un libro, no seremos quienes éramos.* Facilitar la vida a otro ser nos hace trascender y da significado a nuestro día a día.

"Difícil es trabajar en lo que no te gusta. Si lo que haces no te gusta y no queda de otra, empieza actuando y terminarás creyendo."

...

Recordé dos etapas de mi vida en que laboralmente hablando no estuve donde quise y no tenía otra alternativa. No siempre haremos lo que más nos gusta. Habrá quienes tendrán la oportunidad de cambiar de trabajo y hacer lo que verdaderamente les apasione; habrá quienes no. Si no tienes esa posibilidad por el momento, un buen inicio es empezar actuando, para terminar creyéndolo. Actúa como si disfrutaras el trabajo, como si verdaderamente fuera para ti lo que deseas y de esa forma lograrás cambios sorprendentes. Atraerás mejores oportunidades y abrirás caminos con la llave de la actitud. Lo peor que puedes hacer es amargarte y amargar la vida de quienes sirves o te rodean. *Empieza actuando y terminarás creyendo*.

"La vida te multiplica todo lo que les desees a los demás, pero recibes muchas más bendiciones si deseas el bien a quien no te quiere."

...

Difícil tarea y prueba de fuego para quienes dicen estar en *gracia*. Poner la otra mejilla nunca será tarea fácil. Desear el bien no es siempre desear la prosperidad sino desear que encuentres la luz y el entendimiento. *Desear el bien es que tengas la sabiduría para enmendar tu error y seguir tu camino sin dañar.*

Por supuesto que la vida te multiplica todo lo que desees, pero lo hace con mayor fuerza si incluyes en tus buenos deseos a quienes no han actuado o respondido de la forma positiva en que esperabas. El rencor y el odio cobran facturas sumamente elevadas.

"Cada vez que te preocupas por algo, lo acercas más a ti. ¡Mejor piensa en lo que sí quieres que ocurra!"

Probablemente creerás que es una frase simple, pero te aseguro que tiene un profundo significado. Con el paso del tiempo he aprendido cuánta razón tenía mi abuela al decir frases como: "Deja que el tiempo lo acomode y no pienses más en lo que no puedes solucionar", o: "Entre más lo pienses más poder le das." Por supuesto que *a lo que más pensamientos le dedicamos, más poder le otorgamos*. Basta de acercar a ti lo que no deseas a través de la preocupación. Piensa en lo que sí deseas y le darás poder a lo que sí vale la pena.

"Todo lo que deseamos se nos regresa. ¿Las cosas no funcionaron? ¡Bendice, agradece y déjate sorprender por lo que viene!"

Por supuesto que se te regresa con creces todo lo que desees, incluyendo lo que desees a quien no te amó ni te dio lo que merecías. Bendice el tiempo compartido y los buenos momentos. Bendice siempre porque *todo se te regresa multiplicado*.

"Pequeños actos de amor, dan enorme felicidad. Entre más armonía y amor siembres en tu camino, más amor recogerás." ¡Causa y efecto!

Tan fácil que sería la vida si todos entendiéramos la ley de causa y efecto. Si quienes generan tanto daño por ejercer la violencia supieran que recibirán lo mismo, lo pensarían dos veces. Entre más amor esparzas en tu camino, cosecharás lo mismo. Esas pequeñas acciones basadas en el aprecio, el amor y el respeto son las que más reditúan, empezando por tratar a los demás como nos gustaría ser tratados. *Si siembras limones, ¿por qué esperas cosechar naranjas?* Si siembras amargura en tu paso por la vida, esa misma amargura recogerás por doquier.

"Pasar un día sin un buen recuerdo, sin un motivo para alegrarse, algo que celebrar o reconocer, no es vivir, es sobrevivir."

La sobrevivencia consiste en escatimar los recursos para preservar al máximo la calidad de vida. Es un esfuerzo por vivir ante una adversidad. Hay quienes no viven, sobreviven, y en esa actitud olvidan alegrarse, celebrar y reconocer, acciones que dan valor y llenan de esperanza. Cada día, pregúntate "¿Qué motivos tengo o reconozco hoy para estar alegre?"

"Deseo lo mejor para ti porque creo firmemente que todo lo que digo o deseo a los demás se me regresa multiplicado."

Nuevamente la ley de causa y efecto. *La regla de oro*. Todo lo que desees y hagas en contra o a favor de los demás, se te regresa multiplicado. Por ello, deseo para ti que los caminos se abran, que la abundancia te llegue y que la sabiduría para tomar las mejores decisiones esté contigo. Todo lo que deseo para ti se me regresa en abundancia.

"Quedarte afligido después de orar, es impedir que los milagros sucedan. Alégrate y lo que crees imposible se hará posible."

A pesar de haber pertenecido en mi juventud, por más de veinte años, a grupos de catequesis y liturgia en mi iglesia, aprendí a orar hasta hace poco. Rezar pidiendo poco es obtener poco: "Ojalá me ayudes tantito..." "Deseo tener sólo lo suficiente para...". "Me gustaría que tal persona me quisiera un poquito más...." ¡Basta de mentalidad poquitera! *Piensa en grande,* ora con fe y cree firmemente, que lo mejor es para ti.

"En los negocios y en el amor, tu nivel de expectativas define lo que obtendrás. ¡Espera más porque te mereces lo mejor!"

Esperar poco es creer y afirmar que te mereces poco. Nuestro nivel de expectativas es lo que define lo que obtendremos. Pero pedir y exigir de más cuando no estás dispuesto a dar es una utopía o ilusión que difícilmente se consolidará. Te mereces lo mejor cuando siembras lo mejor.

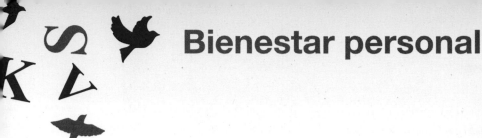

"Nos perdemos los mejores momentos por revivir mentalmente los peores momentos."

...

Triste costumbre de revivir lo que más nos duele, lo que ya no tenemos, lo que ya terminó. Terrible manera de amargarnos la vida por pensar en lo que pudo haber sido y no fue, lo que pude haber dicho y no dije, lo que no debí hacer e hice. Y mientras pienso en lo que debió ser diferente, dejo pasar instantes verdaderamente valiosos, que le dan sentido a mi vida. El maravilloso instante llamado *presente*.

"Reconcíliate primero contigo, con Dios y con la vida, entonces encontrarás paz en tu corazón."

...

Por mi bien y el bien de quienes amo, hoy decido perdonar mis errores y quitarme el yugo de la culpabilidad. Aprendí la lección, enmiendo mis heridas, *realizo el recuento de los daños y corrijo lo posible.* Me reconcilio con mi Dios para continuar mi camino. Lo bueno y lo mejor está destinado para mí. Regresa la paz y la armonía para vivir lo que me falta.

"No es que seas feliz siempre, sino que busques que tu día tenga momentos que te hagan sentir en paz y alegre. ¡Eso es ser feliz!"

"Doctor César, ¿usted nunca se enoja? ¿Siempre anda contento?" Por supuesto que me enojo. ¡No ha llegado a tanto mi grado de *iluminación*! Claro que espero alcanzar algún día ese estado de plenitud y paz que hace que lo externo no me afecte. Y reír siempre no es sinónimo de felicidad, pero qué rico se siente. Lo que sí hago (y recomiendo), es buscar momentos que le den sentido a mi vida. Encontrar momentos de silencio y paz que me recuerden que la vida es mucho más que nuestros problemas.

"¡Tú puedes sentir esa emoción evocando un pensamiento que te haga muy feliz! O, simplemente, emocionarte sin motivo."

Si sabemos que está comprobado que la descarga de hormonas relacionadas con la felicidad como la endorfina y la dopamina producen grandes beneficios, ¿por qué esperar un acontecimiento que nos haga sentir esa emoción desbordante que tanto bien hace a nuestro organismo? Emociónate simple y sencillamente porque sí. Recuerda algo que te haya hecho sentir esa sensación de plenitud, de alegría, y si no hay motivo, emociónate por nada. Hazlo ahora. Verás y sentirás sus grandes beneficios. Emociónate, aunque no recuerdes ningún motivo. Haz que esa emoción produzca en tu cuerpo los maravillosos efectos que se traducen en *salud y longevidad*.

"Que nunca falte en los momentos difíciles un buen recuerdo, un buen amigo y una fe sólida."

...

La adversidad es parte de nuestro existir. Momentos difíciles todos los hemos vivido y los viviremos el resto de
nuestras vidas; imposible evitarlos. Lo que sí podemos
evitar es que esos momentos nos cieguen de tal forma
que perdamos la *esperanza.* Que en la adversidad los
buenos momentos vividos mermen los efectos del dolor;
los verdaderos amigos se hagan presentes con palabras
o actos que ayuden a mitigar la pena, y que tu fe sólida
sea tu mejor escudo. *Depende de ti.*

"Ante una ofensa inmerecida, deja que tu silencio y tu
indiferencia sea la mayor enseñanza." ¡Hay niveles!

...

Mi ego (o mi instinto) me impulsa a defenderme de los
agravios, y más cuando recibo algo que no merezco. Es
una respuesta probablemente esperada por quien otorga
tan desagradable ofrenda. Sin embargo, cuando verdaderamente deseo dejar una enseñanza, otorgo a cambio
mi *silencio* e *indiferencia*, que tendrá más efecto que mis
palabras. No me rebajo a la frecuencia de quien no vale
la pena. Ya lo he dicho: ¡Por supuesto que hay niveles
porque hasta los perros tienen razas!

"Una ofensa es como un regalo. Si no lo aceptas, ¿de quién es? ¡De quien te lo ofrece! No aceptes *regalos inmerecidos.*" ¡Déjalo ahí!

...

Es totalmente cierto. Una ofensa es verdaderamente un regalo. Cuando alguien te ofrece algo y lo aceptas, ¿de quién es? De quien lo aceptó. Tiene nuevo dueño. Así sucede con los halagos y las ofensas. Si alguien te halaga y lo recibes, es tuyo, y debe hacerte sentir bien por la carga positiva que lleva consigo. Pero si alguien te ofende inmerecidamente y lo aceptas, es que es para ti y su carga negativa tendrá su efecto. No tomes lo que no es tuyo incluyendo las ofensas. No hay nada que le duela más a alguien que te ofende sin motivo, que tu indiferencia.

"Deja de lamentarte por lo sucedido. Haz un recuento de lo bueno, sacúdete el polvo, da lo mejor de ti y continúa. Lo bueno está por venir."

...

El victimismo puede convertirse en un elíxir adictivo por la posibilidad que nos presenta de recibir la atención o la consideración de los demás. Ser víctimas de las circunstancias que vivimos y de las personas que nos rodean. Castigos de la vida inmerecidos que nos hacen sentir vulnerables. ¡Basta de lamentaciones por lo sucedido! Lo hecho, hecho está. ¡Imposible regresar el tiempo! Hagamos un recuento de las fortalezas y bendiciones que tenemos. Identifica qué es lo mejor de ti y sigue. Para quienes tenemos fe, lo bueno siempre está por venir.

"No permitas que la película de tu vida se convierta en una eterna tragedia, mejor conviértela en una comedia donde te puedas reír de ti mismo."

Mi admiración eterna a quienes saben reírse de sí mismos, de sus errores y sus imprudencias, con la firme convicción de evitar errar nuevamente. Obvio que no es fácil reírnos de nuestras fallas, pero acumular lo que no puedes evitar con una dosis de culpabilidad y coraje sólo hará que tu actitud sea negativa, que la amargura te habite y se contagie a quienes te rodean.

"La mejor forma para evitar que el pasado te atormente es preguntarte: '¿Qué aprendí?' El aprendizaje siempre es crecimiento."

Imposible retroceder en el tiempo y borrar aquello que no te gustaría haber vivido. Imposible eliminar el efecto de palabras hirientes, y de los actos indeseables que en un momento de locura fuiste capaz de cometer. El *perdón* siempre es una magnífica elección, acompañado de una pregunta cuya respuesta sanará más rápidamente las heridas: ¿Qué aprendí? ¿Qué aprendizaje tuve de ese error en el pasado? Deja de abrir la herida lamentándote y culpándote eternamente; lo hecho, hecho está y de ti depende que esa experiencia amarga sea superada con una lección de aprendizaje, y la firme convicción de enmendar el camino.

"Dícese lo peor de ti: mal humor, coraje, envidia, indiferencia, celos, malos tratos. Dícese lo mejor de ti: paz,
armonía, alegría, buen humor, amor."

...

¿Por qué hay gente a la que se le dificulta tanto amar y
aceptar? ¿Por qué hay quienes a los que, con sólo ver-
los o sentirlos, nos hacen marcar límites emocionales
indelebles? Es por el cúmulo de emociones que transmiten basadas en el miedo como las descritas en la frase.
Pero si transmiten lo contrario, *paz, armonía, buen humor
y amor,* promueven una energía positiva que puede con-
tagiar a quienes les rodean, y promover la prosperidad.

"Si creemos que valemos poco o que merecemos poco,
nuestros actos lo reflejarán. Siéntete digno del aprecio
de los demás. Siéntete amado por Dios."

...

Por supuesto que tus actos son reflejo de tus sentimientos. Entre menos te sientas menos valía demuestras.
*Siéntete merecedor de que lo bueno y lo mejor está
destinado para ti.* Empieza cambiando tus pensamientos por aquéllos que te hagan sentir que vales. No cai-
gas en las trampas de la mente que te repite una y otra vez
que tus ideas, tus planes o acciones no son las mejores.
Cuando te sientes amado por Dios, llevas un avance de
más del 70 u 80 por ciento; la aceptación de los demás
será añadidura.

"No dejes que la ira gobierne tus acciones ni marque tu futuro. Pausa, respira profundo y haz un esfuerzo por dar una respuesta más amable."

...

Entendamos de una vez: *la ira destruye relaciones y aniquila el amor*. Terrible futuro nos espera con gente iracunda y sin control que de lo simple hace una tragedia. Los pulmones no sólo sirven para oxigenar, sino también para controlar emociones. Inspira y espira de tres a cinco veces y, de lo más profundo de tu ser, busca la respuesta más amable a lo que te sucede. Eso es *madurez.*

"Lo que verdaderamente causa sufrimiento, no es lo que sucede, sino los pensamientos desgastantes e infundados que dejamos que fluyan."

...

Vivimos tragedias inexistentes al dejar fluir nuestros pensamientos. Muchos de ellos infundados o basados en el miedo. Circunstancias que aún no suceden y que pensamos como si fueran realidad. Vivimos por adelantado momentos críticos y frustrantes por dar rienda suelta a los pensamientos. *No olvides que un pensamiento provoca un sentimiento y un sentimiento provoca una acción*.

"He comprobado que la mejor terapia contra la tristeza es hacer feliz diariamente a alguien."

...

Hay un proverbio chino que dice: "No puedes evitar que las aves de la tristeza vuelen sobre tu cabeza, pero sí puedes evitar que aniden en tu pelo." Es normal que la tristeza llegue de forma inesperada a nuestras vidas por determinado acontecimiento, pero me consta que la mejor forma de evitar que este sentimiento anide en nosotros es hacer feliz a alguien. Dar tiempo de calidad sana fortalece. La alegría que podemos transmitir a quien lo necesita se traduce en bienestar personal. No lo dudes.

"El dolor es un maestro que nadie quisiera tener, pero es del que más podemos aprender. Su cura: el tiempo."

...

Por supuesto que nadie desea padecer dolor físico o emocional. Nadie en su sano juicio desearía para sí mismo o para quienes ama que el dolor sea su mejor maestro de vida. Sin embargo, *después de un episodio de dolor y sufrimiento, nunca somos los mismos,* y depende de cada uno de nosotros que ese suceso sea para nuestro crecimiento o nuestra desdicha. La decisión es personal.

"Reservo el derecho de admisión de mis pensamientos.
Hoy sólo acepto los que me hagan sentir bien."

...

Hoy no son bienvenidos los pensamientos que apa guen mi esperanza. No le doy cabida en mi mente a los pensamientos basados en el miedo y en la preocupación. No le otorgaré tiempo, ni *software* de mi mente a lo que no puedo solucionar y me desgasta anímicamente. Bienvenidos los pensamientos que me hacen sentir pleno, con fe y seguro de mí. A fin de cuentas, yo decido en qué pienso y en qué no. *Me conviene pensar en positivo porque eso mismo atraigo para mí.*

"Decir estoy preocupado, apaga mi iniciativa y disminuye mi fe. Si puedo hacer algo, se llama pendiente, no preocupación."

...

Qué costumbre tan negativa tenemos de utilizar a diestra y siniestra la palabra *preocupación*. La utilizamos sin miramientos y sin medir las consecuencias, siendo que muchas de las circunstancias a las que ponemos esta etiqueta, en realidad son pendientes. Si podemos hacer algo por eso que nos aflige, se trata de un pendiente. Si no podemos hacer nada, se llama preocupación. Y si no podemos hacer nada, ¿para qué dedicarle tiempo? Mejor dediquémosle una oración y una dosis de fe, deseando que suceda lo mejor.

"Empezamos a envejecer prematuramente cuando dejamos dc asombrarnos por lo cotidiano y de reír por lo simple."

Un amanecer, un atardecer, una sonrisa de agradecimiento, una palabra de aliento. Pido a mi Dios me conceda seguir sorprendiéndome de las cosas que considero simples o cotidianas, aquéllas que dan más sentido a la vida. *La capacidad de asombro le da sentido a la vida.* Empieza a envejecer quien deja de reír y de asombrarse por las cosas simples.

"El recuento más importante será el que haremos al final: momentos disfrutados y a cuánta gente alegraste."

El recuento memorable, el gran final, lo que dará sentido a la vida: ¿Cuánto disfrutamos la vida? ¿A cuánta gente ayudaste o alegraste? ¿Dejaste el mundo mejor que cuando llegaste? Ése será el recuento más importante de tu existencia, ya que pondrá a prueba tu capacidad de *trascender con amor.*

"La mejor manera de agregar buena vibra y prosperidad
a tu vida es desear el bien verbal o mentalmente."

Vencer la tentación de desear el mal a quien nos dañó o
no nos valoró es todo un reto. Sin embargo, es la mejor
manera de sanear nuestro interior y cicatrizar las heridas. *Desear el bien incluye desear que encuentres el
camino correcto*. Que Dios ilumine con su presencia la
oscuridad en la que vives y te ayude a reconsiderar tus
pésimas decisiones. Hazlo y te aseguro que agregarás
prosperidad y amor a tu existencia.

"El rival más grande a vencer son nuestros propios
pensamientos derrotistas y destructivos. Somos lo que
pensamos."

Terrible batalla representa vencer al rival más dañino y
oculto con el que convivimos: *los pensamientos negativos*. Su presencia es corrosiva para la felicidad y para la
actitud. *Los alimentas con tu imaginación derrotista y
tu insistencia en hacerlos presentes*. Decide poner un
alto y procura vivir en el presente y visualizar lo que sí deseas que suceda.

"Nacemos dotados con el chip de la felicidad, pero nuestras actitudes, juicios y pensamientos negativos lo desprograman."

Desde que nacemos tenemos la habilidad de ser felices pero las circunstancias, pensamientos y aprendizajes, generalmente adquiridos por imitación, nos hacen desprogramar el derecho que tenemos de ser felices. Nos desprograma todo lo que nos hace creer que la felicidad es tener y creer que se encuentra en las cosas y las personas. Mientras no descubramos la felicidad en nosotros mismos, no la podremos encontrar en el exterior.

"Aceptar tus errores con humildad expresa tu madurez. Aprender de ellos con responsabilidad expresa tu sabiduría."

Decir a tiempo: "Me equivoqué", no es muestra de incompetencia ni de poca preparación, sino de inteligencia y proactividad. Los *sabelotodo* generalmente no son bien aceptados y mucho menos los que no aceptan sus fallas y errores en el momento, al defender lo indefendible. Es mejor decir: "Me equivoqué", que formular mil excusas para justificar el error.

"No permitas que la rabia sea más fuerte que el dolor y la razón." ¡Ánimo! Todo pasa.

Según los reportes policiacos, gran parte de la gente que delinque afirma que no deseaba hacerlo, que se le hizo fácil o *que la rabia la cegó por completo*. Todos tenemos momentos de locura donde el dolor y la ira pueden cegar a la razón. No lo permitas. Date permiso de un tiempo fuera, respira profundo y pregúntate cuál es la forma más pacífica de responder al agravio. Todo pasa.

"¿Cuándo cambia la gente? Cuando aprende, cuando ama y teme perderte, o cuando toca fondo y desea salir."

Tres importantes razones que nos hacen cambiar. Tristemente la mayoría cambia por la tercera razón. El cambio es parte de nuestra vida y más cuando no hemos obtenido lo que deseamos. ¿Por qué esperar a que la vida nos dé *un revés para decidir cambiar*? Toma la decisión. Ahora. Analiza qué dificulta tu crecimiento y armonía en la relación contigo mismo y con los demás, y toma la decisión de cambiar hoy.

"Jóvenes viejos: no aprenden, no expresan, no se alegran, no se adaptan, no se asombran."

La edad no siempre expresa madurez. Hay tantos viejos jóvenes que disfrutan intensamente cada momento, y tantos jóvenes viejos, que no valoran lo que tienen y lo que viven. *No se alegran por lo importante y lo que consideran cotidiano;* se quejan constantemente y no saben manejar la frustración ni adaptarse a las circunstancias y, para colmo, han perdido la capacidad de asombrarse de las cosas que le dan sentido a la vida.

"La mayoría de los enojos se basan en suposiciones, no en la realidad. Antes de explotar, analiza las verdaderas intenciones."

Es saludable recordar que la mayoría de la gente tiene buenas intenciones y que sus ofensas o enojos son producto de sus heridas y su pasado cargado de dolor. Antes de reaccionar en forma similar, analiza el suceso y evita expandir el ciclo de la ira. Duele ver a madres o padres iracundos por las acciones de sus hijos pequeños.

"Justificarte antes de que te cuestionen, te delata. Recuerda: 'Explicación no pedida, acusación manifiesta.'"

...

Explicar una y otra vez el porqué de mi actuar evidencia mi inseguridad. *No des explicaciones cuando no te las pidan* a menos que sea necesario. Entre más expliques lo que no te cuestionan, más dudas dejas sobre la veracidad de tus palabras.

"Tres exageraciones que dicen mucho de ti: reír explosivamente, hablar exageradamente y comer desesperadamente."

...

Admiro a la gente auténtica que le tiene sin cuidado la opinión de los demás, siempre y cuando exista *respeto por quienes están alrededor.* La risa explosiva y sin motivos, puede interpretarse como ganas de llamar la atención. Hablar exageradamente puede significar urgencia de ser escuchado, y comer desesperadamente sin pobreza aparente, falta de educación, ¿no?

"Peligroso tomar decisiones importantes cuando estás
enojado, y prometer cuando estás eufórico o muy feliz."

Dos emociones extremas y totalmente contrarias en las
que es fácil tomar decisiones equivocadas. En la *ira* y en
la *euforia*. En la primera podemos tener momentos de
locura que cieguen la razón y no se midan las palabras,
y en la segunda, prometer lo que no sentimos y ofrecer
lo que no tenemos.

"El corazón duele cuando extrañamos mucho. Duele
menos cuando envías bendiciones a quien no está, y haces algo por alguien."

Mi formación como médico me hizo creer por mucho
tiempo que el corazón duele cuando hay problemas de
circulación en las arterias o venas que lo irrigan o cuando hay un proceso infeccioso. Cuando sufrí una pérdida
comprendí que también duele por tristeza. Duele por la
incertidumbre y por la decepción. Una buena forma para
evitar la pena es hacer algo por los demás. Servir y desear el bien es la mejor terapia para minimizar la tristeza
y el dolor del corazón. Claro que el corazón duele cuando la decepción y la tristeza nos inundan.

"El que tiene la razón, no tiene por qué enojarse. Que tu seguridad y control sean tu mejor arma."

Cuando tu verdad no es aceptada y tus argumentos se consideran infundados, *no hay nada peor que perder la calma*. A los líderes se les mide su capacidad de control en la adversidad, no en la tranquilidad. Además, no olvides que tu seguridad, tu calma y el control de tus emociones pueden hacer recapacitar al más necio. Difícil practicarlo pero vale la pena intentarlo.

"Pasar un día sin un buen recuerdo, sin un motivo para alegrarse, algo que celebrar o reconocer, no es vivir, es sobrevivir."

La sobrevivencia consiste en escatimar al máximo los recursos para preservar la calidad de vida. Es un esfuerzo por salvaguardar la existencia en situaciones de riesgo, ante la adversidad. Hay quienes no viven, sobreviven y olvidan alegrarse, celebrar y reconocer, acciones que dan valor y llenan de esperanza. Cada día pregúntate: "¿Qué motivos tengo (o reconozco) hoy para estar alegre?"

"De tanto esforzarnos en lo que debemos hacer, nos olvidamos de lo que queremos hacer."

Todos *tenemos* obligaciones. *Tenemos* también trabajo qué hacer. Pero *por hacer lo que obligatoriamente tengo que hacer, me olvido de lo que más disfruto hacer*. No dejaré de realizar lo que más me motiva para tener la energía y voluntad de hacer lo que por necesidad tengo que hacer.

"En el fondo de tu corazón tú sabes cuando no te quieren o algo no te conviene. Deja de sujetar lo que debes de soltar."

Mi voz interior me lo dice, los signos de que algo no está bien me deslumbran; la gente a mi alrededor me intenta persuadir de que esa persona no es lo mejor para mí, pero mi necesidad de sentirme amado me impide tomar decisiones que me beneficien. *Decido escuchar mi voz interior o mi intuición porque difícilmente se equivoca.*

"Por aferrarnos a lo que creemos mejor, evitamos que lo verdaderamente bueno llegue. Dejemos que el tiempo y Dios hagan lo suyo."

Todo llega un su momento. *Mi tiempo no es el tiempo de Dios.* Deseo que todo se solucione cuando yo quiero y, cuando no lo logro, la frustración se hace presente. Quiero las cosas en el momento que digo y exactamente como lo planeo, pero olvido que para quienes tenemos fe, a veces Dios tiene planes mejores.

"La culpabilidad no es sólo una preocupación por el pasado, es la inmovilización en el momento presente."

Dos emociones muy dañinas para tu felicidad: el *miedo* y la *culpa*. La culpa no es sólo retroceder a un pasado que, por más que quieras, no puedes cambiar, sino revivir, y sólo para arrastrar al presente la parálisis que provoca esa desagradable sensación. Analiza lo ocurrido, enmienda en lo posible la falla, y expulsa ese pensamiento desgastante.

"Por más fuerte que sea tu aflicción siempre habrá motivos para agradecer, y el agradecimiento siempre fortalece." ¡Todo pasa!

...

Sin quitarle la importancia que ameritan, mis problemas y tus problemas comparados con los de muchos otros, no son nada. *Siempre habrá motivos para agradecer* a pesar de la aflicción y, al hacerlo, la suficiencia y la prosperidad se acercarán más. ¡Claro que todo pasa! No lo dudes.

"No supongas, mejor pregunta.
No supongas, mejor lee.
No supongas, mejor ten fe."

...

Suponer nos hace creer en lo que no existe, ver lo que no hay, y esperar lo peor. *Mejor investiga, pregunta, lee, documenta, aclara, expresa, pero no supongas*. Ten fe en que los milagros suceden, porque suceden.

"Si crees que vales poco, tus actos y palabras lo reflejarán. Hoy siéntete digno del aprecio de los demás y del amor de Dios."

¡Qué mejor manera de iniciar un día! Me siento amado por mi creador y por lo tanto no tengo por qué temer. *Cuando sientes que alguien te ama, se nota.* Ni el amor ni el dinero se pueden ocultar. Imagínate cómo se notará cuando verdaderamente sientes que quien te creó conoce lo que necesitas, sabe lo que has vivido y, además, te ama por sobre todas las cosas. ¡Cambias porque cambias!

"Utilizar la venganza por un agravio es malgastar tu energía para superarlo. El destino da a cada quien lo que merece."

El daño está hecho, las ofensas fueron expresadas y lo peor que puedes hacer es darle continuidad al círculo del odio y la amargura. *La venganza destruye y autodestruye*, pues siempre lo que deseamos, hacemos y expresamos en contra de los demás, se nos regresa. El tiempo siempre pone las cosas en su lugar y da a cada quien lo que merece.

"Negociar: arte de convencer a otro de lo que uno quiere. La negociación más difícil es persuadirnos a nosotros mismos de hacer lo que es mejor."

En liderazgo, una persona que tiene el arte de negociar es factor clave para lograr lo que se propone. Sin embargo, nuestra terquedad y ceguera nos impide aceptar lo verdaderamente importante o necesario para nosotros, por tanto, la negociación más difícil es con uno mismo.

"Hay momentos, circunstancias y personas con las que es necesario preguntarme: ¿Qué prefiero, adaptarme o amargarme?"

¿Me adapto o me amargo? ¿Me repongo o me hundo? ¿Acepto o maldigo lo que no puedo cambiar? Son momentos que se nos presentan a todos en diferentes momentos de la vida, y las respuestas son importantes pues nuestra reacción será lo que nos provoque malos o buenos tiempos, paz y estabilidad emocional. Basta de lamentaciones por lo que no puedo cambiar. ¡La aceptación y la adaptación liberan!

"'Es que no he perdonado porque no olvido', eso es buena memoria, no falta de perdón. Si recuerdas y no duele, es un gran avance."

...

No confundas la falta de perdón con el Alzheimer. Recuerdo perfectamente ofensas recibidas en mi vida, y no significa que no haya perdonado. *Ver las heridas sin dolor es un excelente avance.* Recordar los agravios sin rencor es muy buen indicio de que el proceso de perdón ha iniciado. Libera y libérate, lo bueno está por venir para quienes sueltan el ancla del rencor.

"No hay mejor terapia que la risa. Protege, sana y reconforta. Ríe aunque el corazón llore, verás su milagroso efecto."

...

Por supuesto que no hay mejor terapia para recuperar la estabilidad que la risa. *Nos une en los mejores y en los peores momentos.* Secreta una gran cantidad de endorfinas u hormonas de la felicidad. Ayuda a disminuir el terrible estrés que sufrimos (y que origina múltiples padecimientos). Mejora la digestión y disminuye el estreñimiento. Y por si fuera poco, reduce la impotencia y frigidez. Si con esto último no hay qué te haga reír... no habrá poder humano que lo haga.

"Terribles son las suposiciones. Por ellas sobrevaloras, sufres, lloras, temes y la mayoría son infundadas."

Sumamente terribles y desmoralizantes son las suposiciones, porque te hacen creer real algo que no ha sucedido. Ver lo que no existe e imaginar lo que no ocurrirá, es suponer. Terrible pérdida de tiempo, talento y felicidad.

"Hoy es buen día para enfocarnos en los anhelos y no en los miedos, en las bendiciones y no en el recuento de daños."

Decido enfocarme en lo que deseo con fe. Decido entender el porqué de mis miedos, mas no enfocarme en ellos. Analizo el porqué de mis temores, ya que el conocimiento da seguridad. Hago cada mañana un recuento de mis bendiciones, ya que es el mejor depósito emocional que puedo hacer a mi persona. Decido enfocarme en lo que sí puedo y tengo.

«Cuando alguien lee, tiene poder y seguridad. Pero también le da la capacidad de improvisar.»

La práctica hace al maestro. Entre más practiques una actividad, más experto te haces. Entre más lees libros de autoayuda o novelas, más cambios detectas en ti. Después de leer un libro tu ser se transforma y lo más importante es que te ayuda a conocer diferentes formas de enfrentar una adversidad. La vida no siempre es como la planeamos y tu capacidad de improvisación se exacerba conforme lees más.

"Lo peor que podemos hacer cuando estamos tristes, es no hacer nada. ¡La vida es movimiento! Lee, ejercítate, renueva."

Gran trampa de la mente durante la tristeza es no querer hacer nada, no querer ver a nadie, pensar una y otra vez el motivo de nuestro dolor. El mejor remedio es dedicar un tiempo limitado a meditar lo sucedido, aprender en lo posible, decidir enmendar el error con base en nuestras posibilidades y ponernos en movimiento. La renovación empieza con el movimiento.

«La mejor manera de iniciar el día es hacer el firme propósito de no dejar que mis problemas reales e imaginarios apaguen mi fe y mi alegría.» ¡Todo pasa!

...

Gran parte de la forma en que transcurre mi día es la manera cómo decido iniciarlo. Desde hace varios años me he hecho el propósito de iniciar decretando a mi favor. Poner mi mejor esfuerzo en todo lo que haga; buscar una intención positiva en lo que la gente a mi alrededor hace o dice y evitar que mi mente haga historias imaginarias que apaguen mi entusiasmo y la fe. Procuro afirmar en la adversidad que todo pasará y que todo es para bien.

4
...
Frases matonas sobre...
el destino

Nuestro presente, nuestro futuro

"La vida es como una película. ¿De qué género es la tuya? ¿Drama, comedia, romance, misterio, aventura o histórica?"

Me gusta el cine, mas no todos sus géneros. Las películas de miedo no son nunca de mi elección porque creo que lo visto puede grabarse en mi subconsciente causando miedos y fobias. Pero, si tú pudieras clasificar la película de tu vida, ¿en qué genero quedaría?

Drama: de todo hago un verdadero drama. Soy la víctima constante de las circunstancias que me rodean.

Comedia: le encuentro el lado amable, cómico, a la vida. Se me facilita reír y hacer reír a quienes me rodean.

Romance: busco a mi "otra mitad", quien debe ser el factor que dé sentido a mi vida. Si no hay amor de pareja, no vivo.

Misterio: mi vida es un enigma, en la trama destacan el miedo, lo imprevisible y lo desconocido.

Aventura: dos ingredientes fundamentales en mi día a día son la adrenalina y el estrés, ellos le dan sentido a mi vida.

Histórico: vivo en el presente mirando al pasado, haciendo recuentos de lo vivido y añorando éxitos, personas y días que ya se fueron.

"Deja que las cosas fluyan, deja que el tiempo y Dios hagan lo suyo. Se sufre al querer cambiar lo que no depende de ti."

El tiempo siempre es muy buen consejero, pero no todos tienen la paciencia para permitirle hacer lo suyo. La desesperación por desear que las cosas mejoren o sean diferentes, nos hace creer que los tiempos nuestros son los tiempos de Dios. Él tiene su momento y la fe nos hace actuar con prudencia cuando no podemos hacer más. Cuidado, el sufrimiento se apodera de tu ser si quieres cambiar lo que no depende de ti.

"Todos tenemos momentos de locura. Es en esos instantes donde modificas tu destino. La ira, la envidia y el ocio son los que la inician."

Según los expertos, todos los seres humanos tenemos ciertos minutos de locura total durante el promedio de años que tenemos de vida. Son esos momentos donde tomas decisiones basadas en el enojo o el dolor. Momentos en los cuales no conectamos el cerebro con la lengua y decimos palabras hirientes de las cuales generalmente nos arrepentimos. Momentos en los que la ira nos ciega y nos hace actuar de manera que jamás nos imaginaríamos. ¿Lo has vivido? La mayoría de la gente que paga condenas por delitos cometidos en contra de otros seres humanos, concluyen que fueron segundos en los que la emoción cegó a la razón y los actos dañaron irremediablemente la vida de otros y la propia. *Evitemos los momentos de locura haciendo más conscientes los actos y las palabras que expresamos*, evitando el ocio que confunde y magnifica las situaciones por ser, precisamente, *la ociosidad la madre de todos los males.*

"Hay cosas que no se pueden cambiar. El sufrimiento aparece cuando la razón o el corazón quieren cambiar la realidad. ¡La aceptación libera!"

No todo es ni será como lo deseamos. Hay situaciones que no se pueden cambiar, y de ti depende cómo reaccionar. Mi razón me dice que no debió ocurrir tal suceso, mi corazón me dice que no es justo este dolor. *Aceptar lo que no puedo cambiar, es el primer paso para evitar el sufrimiento*. Qué gran verdad encierra la frase: "El dolor es normal, el sufrimiento es opcional."

"La reacción ante la adversidad es lo importante. No es lo que pasa, sino cómo reaccionas a lo que te pasa."

Frase con la que termino diariamente mi programa de radio *Por el placer de vivir.* El problema no es lo que te dijeron, sino tu reacción a lo que te dijeron. No es que te hayan ignorado o despreciado lo que verdaderamente importa, sino la reacción que tuviste ante ese acontecimiento. Nadie está exento de las adversidades, pero muchas de ellas se complican por nuestras reacciones negativas. La verdadera madurez se demuestra por la *templanza*, la *paciencia* y la *prudencia* ante lo que sucede.

"Hoy pregúntale a Dios: '¿Qué sorpresa me tienes preparada?' Un momento, una persona, un lugar, una emoción. Tenlo presente y podrás reconocer tu regalo."

···

Por supuesto que Dios siempre tiene preparadas sorpresas para quienes lo esperan. Tristemente no las ves por vivir inmerso en el estrés y la preocupación. Conserva la capacidad de asombro y verás lo inesperado; escucharás y valorarás los elogios y agradecimientos constantes, e identificarás la presencia de Dios en todo cuanto te suceda.

"No perdonar te trae adicionalmente: la ira, que enferma; el dolor, que paraliza, y la autocompasión, que baja tu autoestima." ¡Libérate!

···

No a todos se les facilita perdonar. Hay quienes se enaltecen de su orgullo ufanándose de no perdonar y erróneamente llegan a considerar esta carencia como una cualidad, utilizando frases como: "El que me la hace, me la paga", "por la buena, soy muy bueno, por la mala ni me busquen". La ira, el dolor y la autocompasión bajan irremediablemente tu autoestima y merman tus relaciones. *Libérate del lastre del resentimiento.*

"Un futuro negativo siempre es incierto. Pero preocuparte, prejuzgar y llenar tu presente de ira, lo hace más predecible."

No se requiere el poder de la adivinación para predecir un futuro de soledad y desamor. Quien en su presente se preocupa en demasía por su futuro o el futuro de quien ama sin disfrutar el presente, quien prejuzga sin conocer a fondo las intenciones y la historia personal de quien dice amar, y quien hace de la ira un estilo de vida, vivirá un futuro sin amor ni compasión. *Tus acciones hacen fácil predecir tu futuro.* ¿Así o más claro?

"Fortalecer un hábito diario es muy saludable. Mi propósito de hoy: ¡evitar quejarme!" ¡Ups! Difícil, pero no imposible.

El libro *Un mundo sin quejas* escrito por Will Bowen, me ayudó a hacer consciente la cantidad de veces que me quejo sin darme cuenta. ¡Es impresionante! Me acostumbré a quejarme de todo y por nada, y para cuando reparé en ello, descubrí que lo hacía en forma inconsciente cargando una negatividad constante que fomenta mal humor y la creencia de infelicidad. Somos seres de *hábitos* y la mejor manera de evitar quejarnos es detectar la cantidad de veces que lo hacemos, y tomar la firme determinación de evitarlo o disminuirlo.

La fe y el poder de nuestra mente

"Nunca encontraremos las respuestas a todo lo pasado. ¿Por qué yo? ¿Por qué a mi? Todo sucede por algo. La luz siempre regresa."

Desde que nacemos estamos predestinados a vivir lo bueno y lo malo. Lo gratificante y lo doloroso. Es parte de nuestro existir. Hay circunstancias que nos duelen y desearíamos no padecer, jamás encontraremos las razones. ¿Por qué yo? ¿Por qué a mi? Para quienes tenemos fe, al paso del tiempo reconoceremos que todo es para bien. *La luz siempre regresa.*

"No subestimes el poder de tu mente y tus intenciones. Desear mucho algo, es el principio para que suceda."

Todo empieza con un sueño y esos sueños tienen poder. Después del sueño vienen los objetivos, las metas y la acción. *¡Benditos sueños que nos motivan a la acción!* Creo en el poder de la mente subconsciente para realizar aquello que deseamos con más fuerzas. Atraemos lo necesario para que suceda, depende de nosotros la acción para concretarlo.

"Hoy hice un acuerdo con mi Dios: le agradeceré más de lo que le pido, porque Él sabe realmente qué es lo que necesito."

La mejor estrategia para la actitud positiva es el agradecimiento. Dejemos de pedir y suplicar continuamente. *Pedir nos predispone en la carencia, hay que agradecer en la abundancia.* Que tu diálogo con el ser supremo sea más de agradecimiento que de petición, porque Él sabe lo que verdaderamente necesitamos. Agradece cada mañana, haz el firme propósito de poner tu mejor esfuerzo en lo que hagas, y no pierdas la fe.

"Para quienes tenemos fe, todo pasa por algo. A veces estamos en el lugar correcto por las razones equivocadas."

Los designios de Dios son impredecibles. Una adversidad nos lleva a lugares y personas que nunca imaginamos. Un cambio de planes que trastoca nuestra armonía, puede ser el camino que nos lleve al lugar correcto con las personas indicadas. Lo que en su momento juzgamos como mala suerte o adversidad puede ser lo mejor que nos haya sucedido en la vida. Ese momento que lamentaste por estar fuera de tus planes, fue motivo para encontrarte con alguien que cambió favorablemente tu vida. ¿Te ha sucedido?

"Gran contradicción para tu felicidad cuando por ir en busca de un mejor futuro, te olvidas de vivir tu mejor presente."

Por tanto trabajar para que no te falte nada, *te hice falta a ti.* Por tanto soñar en un futuro mejor *dejé de disfrutar un presente mejor*. Por tanto buscar ser feliz en el mañana, olvidé la gran felicidad que guarda el día de *hoy.*

"Hoy se escribe una página del libro de tu vida. Que tu historia sea siempre recordada por la fe que nunca perdiste."

Cada día escribimos una página más del libro de nuestra vida. Gran parte de lo que se escribe *depende de las decisiones que tomamos.* Deseo que ese libro contenga momentos en los que demostraste entereza, fe y fortaleza para sobrellevar las pruebas que se te presentaron. Que al paso del tiempo digas: "No fueron fracasos, sino pruebas y aprendizajes que me hicieron más fuerte."

"Hacer las paces con tu pasado será la mejor decisión para tu presente. Libérate de la culpa y permítele que fluya, deja que marche el rencor."

He decidido ser aliado de mi pasado *aprendiendo de lo que me dejó y saneando lo que me dañó.* Que el rencor acumulado con el tiempo fluya y me libere para disfrutar mejor mi presente. Los recuerdos del pasado son saludables cuando nos hacen sentir y valorar el presente, y son nefastos cuando nos amargan el aquí y el ahora.

"Ten cuidado con lo que deseas con todas tus fuerzas, porque se te puede cumplir."

Es tanto mi interés por lograr esto, que analizo a fondo si es lo que verdaderamente quiero, por el bendito poder que tienen las palabras y los pensamientos, que me acercan a lo que más deseo. Lo he constatado una y otra vez, y tendré siempre cuidado con mis sueños más fervientes, porque los caminos se abren, las personas y las circunstancias se ponen a mi favor, y me conducen a lo que tanto anhelo.

"Gracias Dios por lo que me diste, gracias también por lo que te pedí y no me diste, simplemente porque no era lo mejor para mí."

...

Difícil entender y aceptar que los tiempos y los caminos de Dios no son los mismos que yo he planeado. *Todo tiene su tiempo y su momento.* Pedimos lo que creemos que necesitamos pero los designios de quien todo lo sabe son diferentes. Gracias Dios por saber qué darme y de qué librarme.

"La decisión más trascendente de tu vida: ser víctima de las circunstancias o protagonista de tu historia."

...

Por supuesto que es la decisión más importante de mi vida. Decido parar o seguir, llorar o reír, sufrir o aceptar, dañar o perdonar, amar u odiar. Hacerme o sentirme presente o ausente en tu vida. *Prefiero ser protagonista que ser espectador o extra.* Decido una vez más no ser víctima de mis circunstancias.

"El pasado es buen momento para visitar, no para quedarse."

Bendito pasado que nos ha forjado y del que hemos aprendido. Gracias a lo vivido somos quienes somos, gracias a lo bueno y a lo que consideramos malo. *Borrarlo es imposible y lamentarlo es doloroso*. Visitarlo con afán de recordar los buenos momentos es gratificante, quedarse ahí es lamentable. ¡Vive hoy!

"Conocer los sueños y anhelos de alguien, te ayudará a saber quién es realmente."

¿Qué y cómo te ves en un año, en dos o en diez? Es una pregunta que puede ayudarte a conocer la esencia de quien tienes frente a ti. Sin que sea en tono intimidatorio, cuestionarlo te ayudará a saber si tiene o no ambición. Si su vida está basada en anhelos materiales, familiares o espirituales y, sobre todo, si eres parte de ese sueño.

5
...

Frases matonas que no son mías...
pero también sacuden

Frases matonas que no son mías... pero también sacuden

Termino este libro con algunas frases que no son de mi autoría, pero que me encantaron. En algunas desconozco el nombre de su autor, y de verdad lo lamento mucho, en otras, anoto el crédito correspondiente, así las cosas, comparto contigo, querido lector alrededor de ¡250 frases! que componen el total del libro, espero que te diviertan, te entretengan y, sobre todo, te sirvan para reflexionar y, si no es mucho pedir, para iniciar un cambio en tu vida que te hará sentirte mejor, más feliz, más optimista y amoroso contigo mismo y con quienes te rodean.

"Cuando te pregunten '¿Te crees mucho?', contesta: 'No me creo mucho, tú te sientes menos.'" **¡Respuesta matona!**

Esta respuesta matona no es mía. La escuché de un excelente amigo y me hizo recodar la cantidad de veces que respondemos con ego desmedido: "No me creo mucho, soy mucho." *Y la verdad es que muchas veces quien te lo expresa, se siente menos.*

"Tal vez no fui lo que querías. Tal vez no fui lo que buscabas, ni resulté ser lo que necesitabas. Pero de una cosa estoy seguro, fui más de lo que merecías."

Excelente cuando se trata de aumentar nuestro amor propio dañado por una relación desgastante o malsana. Las heridas duelen y los recuerdos lastiman. Buen momento para hacerte valer, recordando que ¡fuiste mucha pieza para tan poco personaje!

"Si dudas, te entiendo. Si necesitas espacio, te entiendo. Si de repente me ignoras, te entiendo. Pero si por eso te dejo de querer, es tu turno de entender."

Claro que tienes derecho a dudar, a meditar e ir al mismísimo Tíbet para reencontrar tu paz interior y enmendar tu camino. Por supuesto que te doy espacio si crees o sientes que el que te he dado no ha sido suficiente. Y claro que comprendo, mas no justifico tus brotes de indiferencia hacia mí. Pero si por todo lo anterior notas cambios en mi forma de apreciarte o amarte, *es tu turno de entender.*

"Ha de ser muy terrible no tenerme, pero ha de ser más terrible tenerme y después perderme."

Mauricio Garcés
Actor de la época de oro del siglo mexicano

"Quien no comprende una mirada o un abrazo, tampoco comprenderá una larga explicación."

Proverbio árabe

"El que no brilla por su saber o su personalidad, trata de brillar por su imbecilidad."

Roque León

"No hagas sublime tu ignorancia."

Guadalupe Ramírez,
Historiador queretano

"Al verdadero amor no se le conoce por lo que exige, sino por lo que ofrece."

Jacinto Benavente
